DEBUT D'UNE SERIE DE DOCUMENTS
EN COULEUR

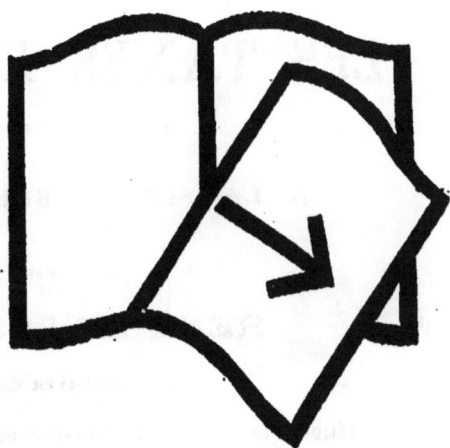

Couverture inférieure manquante

LES FINANCES

LES FIEFS ET LES OFFICES

DU DUCHÉ DE NEVERS EN 1580

QUELQUES RÉCLAMATIONS

SUR

LES TAXES DU CLERGÉ

EN NIVERNAIS

A LA FIN DU SEIZIÈME SIÈCLE

PAR

RENÈ DE LESPINASSE

CONSEILLER GÉNÉRAL

PRÉSIDENT DE LA SOCIÉTÉ NIVERNAISE DES LETTRES, SCIENCES ET ARTS.

NEVERS,

G. VALLIÈRE, IMPRIMEUR,

Place de la Halle et rue du Rempart, 30.

1896

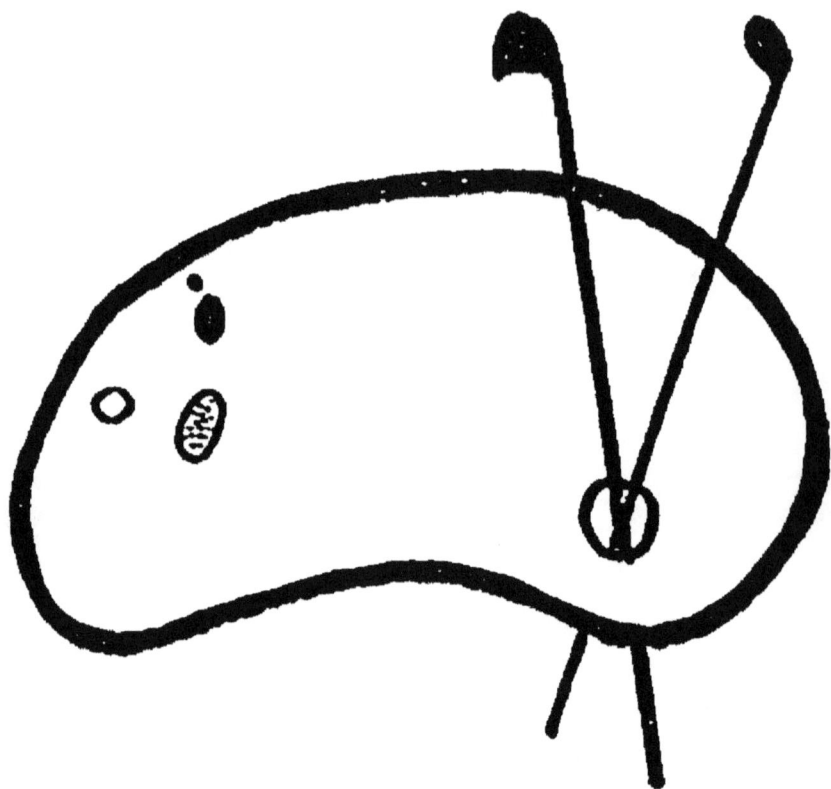

FIN D'UNE SERIE DE DOCUMENTS
EN COULEUR

LES FINANCES, LES FIEFS & LES OFFICES

DU DUCHÉ DE NEVERS EN 1580.

Lodovico Gonzaga, né le 18 septembre 1539, fils de Frédéric II, duc de Mantoue, avait épousé, le 4 mars 1565, Henriette de Clèves, fille aînée de François Ier de Clèves, duc de Nevers, devenue héritière du duché et des autres seigneuries, en 1564, après la mort de ses deux frères François et Jacques.

Lodovico était venu à la cour de France dès l'âge de dix ans; il reçut de Henri II des lettres de naturalisation en septembre 1550 et resta toujours fidèlement attaché au roi et à la patrie française (1). Ses hauts faits comme capitaine, sa belle conduite dans les guerres de religion, l'ont rendu célèbre parmi les princes de son temps. D'après Brantôme (2), les calvinistes disaient de lui : « Il nous faut craindre M. de Nevers avec ses pas de plomb et son compas à la main. » Un huguenot dans une embuscade lui avait fait à la jambe une grave blessure qui alourdissait sa marche.

On a raconté ailleurs sa vie et ses actes, mais il y a lieu de citer le jugement de Brantôme qui a rapport au caractère et à l'administration du duc de Nevers; nous en trouverons la preuve dans le manuscrit qui nous occupe.

« Il estoit, dit Brantôme, très-bon prince et tenoit encore de ceste vieille bonne paste que peu voit-on aujourd'huy en tenir parmi nous.

---

(1) *Art de vérifier les dates*, t. II, p. 580.
(2) *Capitaines*, t. IV, p. 389.

1

» Il estoit fort splandide, comme M. son beau père François de Clèves) et beaux frères, car il despensoit fort honnorablement à la Court, et son train et ordinaire alloient tousjours bien. Quand il luy falloit faire quelques festes et magnifficences et festins, nul ne l'en a jamais surpassé, car il emportoit toujours quand il s'y mettoit. Il jouoit, et peu, et non si souvent comme M. son beau père, mais quand il y estoit il jouoit fort gros jeu comme il fit au voyage de Pouoigne.

» Il estoit fort providant en ses affaires ainsy qu'il le fist parestre au bien de madame sa femme, lequel, encor qu'il fust très grand, il le trouva un peu brouillé pour les grands debtes des père et frères passez ; il nettia et accommoda si bien sa maison, qu'elle estoit des grandes de la France et des aisées. Il estoit fort doux, affable et gracieux et faisoit très bon avec luy ; il estoit très grand et proffond discoureur et parloit bien ; et disoit aussi bien le mot comme madame sa femme qui le disoit aussi bien que dame de France, et qui avoit aussi bonne grace... je l'honnorois fort et le tenois pour l'un de mes bons seigneurs et amis, comme madame sa femme m'a esté tousjours l'une de mes meilleures dames de la Cour, et que j'ay tousjours honnorée ainsi que sa vertu et ses merites me l'ont toujours commandé. »

Lodovico mourut à Nesle, le 22 octobre 1595 ; Henriette de Clèves, sa veuve, conserva le duché jusqu'en 1601, date de sa mort.

Le manuscrit, faisant partie de l'ancien fonds français, provient de la famille de Mesmes. On ne sait par quelles circonstances il est parvenu à la Bibliothèque nationale. C'est un volume petit in-folio, demi-reliure récente, de 108 feuillets, portant le n° 4532 français.

Le chapitre Ier est le réglement des finances, contrat passé à Paris devant notaires entre le duc et la duchesse et le sieur Marchant, acceptant la fonction de trésorier général.

L'organisation des dépenses de la maison est basée sur les règles de la comptabilité la plus rigoureuse. Ordonnances, rescriptions, mandements, quittances, inscriptions sur les registres, tout doit se faire régulièrement pour être centralisé entre les mains du trésorier et approuvé par la chambre des comptes de Nevers. Les dépenses de maison sont fixées par mois ; les comptes sont arrêtés par quartiers ou trimestres et examinés après l'année échue.

On remarque déjà la séparation des dépenses ordinaires et extraordinaires, qui ne doivent jamais être confondues, mais elles ne semblent pas établies sur des recettes également distinctes. L'ordinaire, c'est la dépense courante et prévue d'avance ; l'extraordinaire, c'est la dépense irrégulière résultant d'un fait ou d'une décision imprévue.

Les dépenses, même les plus intimes, devaient être ordonnancées, afin qu'il y eût toujours quelqu'un de responsable.

Le contrat, disposé par articles, de façon à se reporter plus facilement aux conditions diverses, est suivi du formulaire de toutes les pièces comptables.

On peut reprocher à ce plan la complication inhérente à toutes les comptabilités, mais il réalise un progrès sensible pour son époque, et nous croyons que peu de grandes maisons étaient dirigées alors avec autant de sagesse et d'économie bien comprise.

Les chapitres II et III, fol. 31, comprennent le réglement des fiefs, également rédigé par articles, contenant les cérémonies, les formalités, les pièces, droits et tous actes concernant les foi et hommage, aveux et autres rapports entre le seigneur et ses vassaux, suivi d'un formulaire complet des divers actes.

Le chapitre IV, fol. 54, est un très-long formulaire de toutes les dépêches autres que les finances et les fiefs, qui n'offre rien d'intéressant.

Enfin, fol. 97, on trouve la taxe générale des lettres de provision des états, offices et bénéfices des terres du duché, formant la liste des officiers des châtellenies, document précieux au sujet de l'administration. L'*Inventaire des titres de Nevers* contient quelques ordonnances sur le réglement de la maison des comtes au quinzième siècle, mais il ne porte aucune mention de ce contrat.

I.

REIGLEMENT DES FINANCES.

1. Monseigneur et madame ayant, à leur très-grant regret, expérimenté la peine, perte et dommaige que le desordre, qui pour le faict des finances advient aux grandes maisons, y peult apporter, voulans reigler la leur et pour obvier à pareils inconveniens y establir quelque bon ordre, ont faict dresser les articles qui s'ensuivent, auparavant que de prendre nouveau tresorier et receveurs generaulx de leurs terres, lesquelz comme ils veullent et entendent de leur part inviolablement garder. Aussi ordonnent-ils et commandent aux gens de leur conseil, garde de leur scel et cachet de leurs finances, maistres d'hostel et garderobbe, escuiers, conseillers et argentiers, tresorier et receveur general de leurs finances, comme aussi les receveurs et fermiers de leurs terres, et sur tout aux president et maistres des comptes de leur chambre de Nevers (1) de faire le semblable, comme ceulx qui ont la charge particullière de leurs dites finances, et en fin à leur procureur en ladite chambre, duquel deppend en grande partie l'execution et entretennement dudit reiglement, lequel est tel qu'il s'ensuit :

2. 1ᵉⁿᵗ Par ce qu'il n'y a chose qui apporte plus de confusion et pervertissement en une grande maison que d'avoir plusieurs comptables, ont mesdits seigneur et dame advisé, resolu et ordonné que doresnavant celluy qui sera leur tresorier fera plaine et entière recepte et depense de toutes leurs

---

(1) La chambre des comptes fut établie en 1405 par Philippe de Bourgogne et composée d'un président, quatre maîtres et un procureur général; il en sera souvent question. Le serment qu'ils prêtaient est publié dans l'*Inventaire* de Marolles, p. 509, note.

finances, tant ordinaires que extraordinaires, sauf à reprendre en deniers comptez et non reçeuz ce qu'il n'aura point reçeu, en rapportant les exploita et procès-verbaulx des dilligences qui auront esté bien et deuement faites au recouvrement d'icelles.

3. Et pour reigler ledit tresorier et receveur general en l'administration et distribution de leurs dites finances, veullent et entendent mesdits seigneurs luy bailler et dresser, avant le commencement de chacune des années de sa charge, ung estat general de sa recepte et depense; ledit estat pour le regard de la recepte commenceant pour le premier quartier de octobre, novembre, decembre, escheant au 1er janvier, accompaigné et justiffié des baulx à ferme, obligations, blancs signez et autres pièces requises et necessaires pour faire ladite recepte; et pour le regard de la despense commenceant seullement le premier quartier de janvier, fevrier, mars (1).

4. Le secretaire devra fournir cet état, revêtu des signatures, le jour de Noël, « sur peine d'estre estimé negligent et peu affectionné au service de mesdits seigneur et dame ».

5. Il devra réunir, pour la Saint-Martin, les diverses obligations transmises par les baillis et procureurs des gruries de la principauté de Mantoue.

6. En raison de ce que les terres et seigneuries sont tellement séparées, il est constitué et établi « deux estatz de receveurs generaulx, savoir est l'un au Nivernoys, Donziois, terres de Bourbonnois et Berry, et l'autre en leur conté de Rethellois, lesquels seront tenus faire entière recepte du revenu des terres et seigneuries de leur departement, de tous les deniers et depense aussi entière, selon l'extrait de l'estat general de la maison de mesdits seigneur et dame, et signé de leurs mains, lequel leur sera envoyé tous les ans dans le

(1) Ces trois premiers articles sont copiés *in extenso*. La suite, en raison de la longueur du texte, a été très-résumée; les expressions et passages cités textuellement sont portés entre guillemets.

jour et feste des Roys », contenant les baux à ferme, obligations des marchands adjudicataires de bois et « blancs signez » de Monseigneur, pour faire recette des revenus, soit des domaines, ventes de bois, arrerages de rentes constituées par S. M. sur les aydes et tailles levées esdites terres. Le trésorier fera tenir tous les deniers dus par les receveurs à Paris.

7. Pour la commodité de la dépense de la maison, qui commence dès le 1er janvier, mesdits seigneurs entendent que lesdits deux receveurs seront obligés d'apporter aux deux villes, huit jours avant le 1er janvier, le quartier d'octobre, nov. et déc., dû par les receveurs des tailles de Nevers, Clamecy et Rethel, des rentes que S. M. leur a constituées.

8. Les deux receveurs s'obligent par corps de faire tenir tous les deniers sans les divertir, par ordonnance ou mandement, « excepté aux troys argentiers de leur maison. »

9. « Et parce que mesdits seigneur et dame, pour la commodité de leurs affaires et pour se delivrer d'importunités, ont resolu de faire acquitter par les receveurs et fermiers aulcuns articles de leurs dites despenses, mesme des gaiges, pensions et rentes, ils veullent aussi et entendent que les deux receveurs et fermiers ne soient tenuz bailler à leur tresorier general que les deniers revenans bonz clercs et netz de leur recette et ferme, desduite la despense qui leur aura esté baillée à paier chascun quartier sur les lieulx, sellon les estatz que mesdits seigneur et dame leur feront delivrer au commencement de chacun an et que leur dit tresorier aura aussy pardevers luy ».

10. Si le receveur touche 5,000 écus et en paie 1,000, il devra rapporter 2,000 au premier terme et 2,000 au second et les quittances à la fin du quartier.

11. Les recettes de Mantoue, Coulommiers, Picardie et Lesparre se feront directement à Paris par le trésorier général.

12-13. Pour la principauté de Mantoue, il a été établi

un receveur particulier. Les recettes à partager avec son frère seront inscrites « par entrée et issue des comptes ».

14. « Pour le regard de la recepte extraordinaire qui advient ordinairement ès grandes maisons, comme rachatz, profficts de fiefs, aubeynes, bois cabliz et autres semblables choses, ordonnent mesdits seigneurs et dame que le receveur establi au duché de Nivernoys soit tenu de faire recepte de tous les deniers compris sur l'estat qui sera envoyé. Et s'adressera le receveur general de Nivernoys aux gens des comptes, gruyers, procureurs generaulx, tant de la justice et domaine que grurie de Nivernoys ». Le receveur prendra un certificat de clôture des comptes des susdits officiers qui lui servira de décharge.

15-16. La recette des dépens, dommages et intérêts adjugés à mesdits seigneurs, sera faite à leurs frais à Paris par le trésorier général, deux fois l'an, à Pâques et à la Saint-Rémi.

17. Les quittances données aux fermiers, marchands de bois, receveurs du roi, vassaux et autres porteront exactement l'espèce, la valeur et la date.

18. Le trésorier encaissera le produit des assignations données par le roi sur les recettes générales d'Orléans, Tours, etc., en comptant ses frais de voyage. « Et advenant que les deniers feussent vollez, mesdits seigneurs entendent et veulent estre tenuz à ladite perte. »

19 « Afin que ledit tresorier ayt moien d'acquiter ladite despense en tous les lieulx de ce royaume où mesdits seigneurs iront, ils luy ont accordé de le deffrayer ou bien ung sien commis avec son cheval et de faire porter la boette de leur argent en leurs coffres, auxquels advenant qu'elle se perdist le tresorier ne sera responsable des deniers qui seront perduz, ains seulement du port d'iceulx jusques en leurs dits coffres. Mais en les apportant, advenant qu'ils soient vollez sur les grands chemins entre deux soleils, le tresorier en demeurera deschargé, pourveu touttefois qu'il face apparoir que ledit vol ayt esté faict sans dol et fraulde, par informacions et attestations bien et deuement faictes et par les

bordereaulx des espèces signez de son commis ou de luy... Advenant qu il ait esté faict frauduleusement, le tresorier sera tenu à la peine du double de ce qu'il aura voullu dire avoir esté vollé et demandé descharge. »

20. Le tresorier ne sera pas tenu de la perte des deniers contre les ennemis du roi ou en temps de trouble et guerre ouverte, s'il venait à être tué ou blessé, le tout sans dol ou fraude.

21. Le tresorier devra payer à chaque quartier 791 écus de douaire à Mme de Sagonne et 233 écus 20 sols à MM. Larcher et Miremont.

22. « Ledit tresorier fournira par forme d'advance, chascun mois, pour subvenir à la despense, assavoir à l'argentier de bouche la somme de 1,000 écus, en vertu des rescriptions signées du maistre d'hostel et quictance de l'argentier... A celluy de l'escuryę 200 écus, en vertu de rescriptions de l'escuyer. Et pour la chambre 250 écus, assavoir à celluy à qui madame aura donné charge de faire la despense de sa chambre 100 écus et à l'argentier d'icelle chambre 150 écus..., en vertu des rescriptions du maistre de la garde robbe... pourveu toutteffois que ledit tresorier reçoive 3,000 écus d'advance. Et le mois passé ne fournira plus aulcunes sommes que au prealable on luy ait apporté les escroues signées avec les mandemens que les argentiers doivent faire dans les huit jours. »

23. Pour les provisions de « vins, bleds, boys, foings, paille, avoyne, pour avoir meilleur marché », il sera fourni des états séparés par les maitres d'hôtel et écuyers, avec mandements spéciaux dont les argentiers tiendront compte en deux ou trois mois.

24. Ces mandements pour les provisions seront détruits quand le compte sera établi sur les écroues et ne devront pas être représentés.

25. Pour la dépense de la chambre, consistant en diversité de frais, les 200 écus et 166 écus 40 s. qu'ils ont décidé d'employer par mois devront suffire. Il faudra toujurs payer

comptant les marchandises sans plus les prendre à crédit pour obtenir meilleur marché et éviter toute confusion. Il y aura deux escroues pour monseigneur et pour madame.

26. « Les marchandises pour faire habitz et pour servir à mesdits seigneurs, à messieurs leurs enffans, paiges, lacquais et autres qu'ils font habiller chacun an, jusqu'à 150 liv. pour ung mois... les habits des paiges et lacquais seront inscrits sur les ecroues à l'extraordinaire.

» Les achats des meubles n'excedans pour une fois 50 écus, plus les deniers que mesdits seigneurs vouldront avoir pour leurs menus plaisirs n'excedans 12 écus.

» L'argent perdu au jeu n'excedans pour une fois 12 écus.

» Les dons n'excedans 12 écus en une fois.

» Les aulmosnes descouvertes n'excedans 12 écus.

» Les reparacions extraordinaires n'excedans 12 écus en tout, pour une fois, tant en massonnerye, charpenterye, menuiserie que nattes et serrures.

» Les voyages faits par aultres que par leurs domestiques n'excedans pas 12 écus. »

27. On fournira quittance portant la nature des dépenses, soit par exemple vaisselle d'argent, voyages, dons ou réparations.

28. Quant aux deniers pour menus plaisirs, aulmosnes descouvertes ou argent perdu au jeu, mesdits seigneurs mettront en marge de l'article « escript de leur main, reçeu telle somme ».

29. Le maître de la garde robe inscrira quel objet, meubles, habillements ou vaisselle d'argent, a été acheté et le fera garder « afin que aulcunes desdites choses ne se puissent esgarer ».

30. Si l'argent des menus plaisirs, jeu, voyages, etc., dépasse les sommes fixées, il sera payé par mandements spéciaux. Comme pareillement pour les « pierreryes, orfevries et meubles » et pour l'achat des chevaux.

31. Le trésorier paiera par quartier les gages portés en l'état de la maison, sur certificat d'un secrétaire, sauf les

menus officiers ayant un écu ou 3o sols par mois qui sont
payés par l'argentier.

32. Messieurs du conseil à Paris seront payés sur simple
quittance. Tous les paiements seront faits sans longueurs,
difficultés ni remises.

33. Les quittances pour douaires, assignaulx, rentes, pensions et gages seront datées et porteront les termes payés,
afin d'éviter les embarras survenus quelquefois.

34. Le trésorier produira l'état de recette et dépense de
chaque quartier (trimestre) dans la quinzaine du mois qui
suivra.

35. Le trésorier affirmera par serment qu'il a réellement
payé toutes les dépenses portées en compte, sur peine du
quadruple.

36. Même peine s'il omet une recette, au jugement des
gens des comptes de Nevers.

37. Les receveurs généraux enverront à chaque quartier
un état de recettes et dépenses vérifiées en Nivernais par la
chambre des comptes.

38. On ne paiera aucune dépense par mandement verbal,
sauf pour la maison et en l'absence du trésorier, en rectifiant
au plus tôt ; les auditeurs des comptes devront tenir à l'exécution de cet ordre.

39. Quant à la dépense extraordinaire pour voyages,
dons, etc., elle ne sera faite que sur mandement bon et
valable pour décharge.

40. Les mandements de finances porteront « ces mots
escripts de la main de l'ung de mesdits seigneurs : rescription
pour la somme de..... écus sols, et signés de l'un d'eulx et
enregistrés en un cayer séparé du registre des finances ».

41 à 44. Ils seront parfois expédiés par dépêche, avec frais
en plus ; ordonnés par les secrétaires et cachetés du cachet de
leurs finances. En cas d'absence de leur part, elle sera mentionnée. Il ne sera remis aucune somme de deniers ni des
papiers à mesdits seigneurs, afin qu'il y ait toujours quelqu'un de responsable.

45. Quand la partie prenante ne devra pas donner quittance, l'un des secrétaires fera mettre par l'un de mesdits seigneurs la mention formelle avec la somme.

46. « Si l'un de mesdits seigneurs vouldra recepvoir quelque somme pour leurs menus plaisirs et affaires, » en sus des 12 écus ; il y aura quittance en papier et en parchemin pour 20 écus. « Si elle passe la somme de 50 écus jusques à mil et plus, mesdits seigneurs entendent et veulent, sur peine de faulx, que le secrétaire speciffie par ledit mandement l'occasion et l'emploi d'icelle. Et lorsque mesdits seigneurs ne vouldront pas que l'occasion soyt declairée comme advient quand c'est pour donner en pur don à quelque personne de respect ou serviteur secret ou bien pour quelque voyage secret, sera mis en ladite quictance la derrogation de cest article... » et on portera ces mots « nonobstant qu'il ne soit declairé (1) » de la main de mesdits seigneurs.

47. Toutes ces sommes hors de la dépense de la chambre et estat general de la maison seront payées par les mains du trésorier général et non d'autres.

48-50. Pour les achats de pierreries, meubles et frais de réparations excedant les sommes prévue, sera fait mention des objets dans les plus grands détails. Les chevaux achetés seront inscrits par leur prix, leur nom, s'ils sont mis à l'écurie et donnés à telle personne.

51-52. Pour un cheval ou autre présent comme les princes s'en font entre eux, il faut donner au porteur « quelque chesne ou enseigne d'or, de convenable valleur » ; le mandement portera exactement l'objet.

53-54. Mesdits seigneurs, tant qu'ils auront autant de dettes et rentes constituées, refusent de faire les dons excédant la somme de 50 écus. Défendant aux secrétaires, receveurs, trésorier ou gens des comptes de les inscrire ou payer ou approuver. Pour les dons sur l'extraordinaire, on devra

---

(1) Toutes les fois qu'il s'agissait d'une dépense en dehors des règles admises dans la comptabilité on retrouve ce mot nonobstant.

avertir de la valeur de la demande et porter la somme que mesdits seigneurs auront accordée, parce qu'on faisait de grands dons à des personnes qui n'en savaient aucun gré.

55. Si pour une urgente nécessité il faut faire une vente de bois ou de terres ou prendre argent à intérêt, il ne sera jamais rien détourné sur cette somme de sa destination.

56. Quand il viendra des deniers non prévus comme « proffitz de fiefs, aubeynes, confiscations et vente de bois cabliz (1), dons ou récompenses du roy, gain de procès » ou ventes de terres, les secrétaires devront faire « souvenir pour eviter toutes importunitez de la destiner pour quelque despense necessaire ou recompense deue et promise » et la faire remettre au plus tôt.

57 à 68. Précautions de détail pour éviter le désordre, la confusion dans les dépenses et dans le libellé des formules des mandements. Ce sera autant que possible le même secrétaire, accompagnant ordinairement les seigneurs, qui rédigera ces quittances ; le contrôleur suivant les princes apposera le cachet des finances en prenant note de la somme, date, noms et signatures. En cas d'absence ou maladie, ils seront remplacés par un commis responsable et les formules seront remplies de la main des seigneurs, en lettres italiennes.

69. Messeigneurs désirent soulager le plus possible leurs vassaux dans la poursuite et recouvrement de leurs dépêches. On attendra pour la taxe des réceptions de foi et hommage huit jours, puis quinze jours après avis, puis enfin huit jours, en tout un mois. La grâce et composition faite avec le vassal « sera la taxe prise sur le total du proffit ou rachapt deu, à raison d'un escu pour douze si le proffit ou rachat n'excedera 5 livres ; et au-dessus ne sera pris que ung pour vingt ».

70. Messeigneurs abandonnent souvent à leurs officiers les deniers provenant des gentilshommes, pour rachat et profit de fiefs, mais il ne devra pas y avoir de difficultés avec

(1) Bois abattus, cassés par le vent.

le fermier des droits de fief ou tout autre. Au chapitre des fiefs on inscrira les deniers comptés et non reçus, afin de garder connaissance « des gracieuses compositions qui auront esté faites ».

71. Quand on demande le retrait ou droit de retenue de quelques fiefs vendus, ce qu'on ne peut refuser, il faut aussi mentionner la réserve des quarts deniers, sous peine de faux.

72-73. Inconvénient de la multiplicité des comptables pour les dépenses des châtellenies et voyages à faire à ce sujet.

74. « Et quant aux 16 écus 40 sols qui vallent 50 livres reservez en plusieurs chastellenyes ou prevostez pour la paration des chasteaulx, lesquels les fermiers doibvent fournir sans diminution du prix de leur ferme... ils seront employés par l'ordonnance des gens des comptes sur l'advis que M. le bailly du Nivernois, cappitaines des chasteaulx et procureurs des lieulx leur pourront faire... visiter par gens expers, proclamer au rabais... le tout pour le mieulx du service de mesdits seigneurs. » Et après les travaux faits, ils seront acceptés par les capitaines, procureurs, concierges des châteaux et le décompte transmis au trésorier à la Saint-Martin, chaque année. Les 16 écus 40 sols ne serviront qu'aux réparations ; les bâtiments neufs seront faits sur autres deniers.

75. Et quand les deniers ne suffiront pas, après avoir mis les travaux « à l'enchère au rabais », on enverra un mandement au trésorier pour qu'il fasse payer sur les lieux la somme nécessaire.

76. Les deniers des amendes des terres étant donnés à ferme pour être employés aux procès criminels, on ne poursuivait plus pour éviter les frais d'envoi à Paris « tellement que en leurs terres il ne se faisoit point du tout ou bien peu de justice exemplaire. Veulent et entendent mesdits seigneurs que lorsqu'il y aura quelque prisonnier criminel qui soyt condampné par leurs juges et se porte pour appelant à Paris que à l'instant il soyt baillé en charge à quelque fidel

messager suffisant et bien cautionné qui s'oblige à le conduire en la ville de Paris et reconduire moyennant tel sallaire qui sera convenu avec luy. » Toutes les pièces, y compris le certificat du geôlier de la conciergerie, seront fournies au trésorier, et « comme mesdits seigneurs ne veullent aucunement que la justice qu'ils doibvent faire rendre à leurs subjects soit retardée par faulte d'argent », il sera fait avance des frais qui seront ensuite remboursés par le trésorier.

77. Les procès perdus entraînant des frais, amendes et saisies du revenu des terres, il y a lieu à une dépense immédiate pour les éviter. Messieurs de leur conseil à Paris, sans attendre mandement, ordonneront au trésorier de payer jusqu'à 300 écus pour une fois en régularisant dans les trois mois la comptabilité.

78. « Parce qu'il pourra advenir que pour le service du roy ou pour autres importans voyages, mondit seigneur s'éloignast de madame... les depesches de finances seront faites en telle sorte :

79. » Le cachet des finances demeurera près de madame, soit que ledit controlleur y demeure ou qu'il suyve mondit seigneur... si l'un ou les deux secretaires suyvent mondit seigneur, celui qui aura la charge d'escripre les depesches près de madame sera tenu sur les mesmes peines de les depescher en la forme ordonnée.

80. » Et pour le regard de mondit seigneur, d'aultant qu'il n'est coustumier d'entreprendre telz voyages que pour urgente necessité, ausquelz estant il n'a loysir de penser aux affaires », il n'enverra aucun mandement en forme, et pour les dépenses forcées il fera des rescriptions « cachetées en cire d'Espaigne de son petit cachet qu'il porte au doigt ». En cas de maladie, la dérogation sera mentionnée et régularisée dans le mois suivant.

81-82. Si le voyage se fait en mars ou avril, époque où le trésorier présente ses comptes à MM. du conseil à Paris et à

Nevers, il aura deux mois de délai à partir de la sommation du conseil.

83-88. Exactitude absolue dans les pièces à fournir par les trésorier, receveurs généraux et particuliers, et dans la vérification par les auditeurs des comptes. La fin de l'administration financière étant la reddition des comptes, le trésorier sera tenu de présenter son compte trois mois après chacune année de sa charge, à savoir dans la fin de mars, à l'examen du conseil de Paris, ayant lieu sommairement dans la quinzaine, puis il ira le rendre en la chambre des comptes à Nevers à la fin de mai au plus tard, à peine de 30 écus par mois de retard. Les dépenses faites sur simples rescriptions devront toujours figurer dans le mois suivant avec mandements réguliers, afin d'éviter tout retard, à peine pour le trésorier de perdre ces deniers, sauf en cas de décès, où les héritiers auront six mois. La mention des rescriptions sera toujours inscrite sur le mandement définitif. Quand les rentes, états et pensions que le roi donne à mesdits seigneur et dame ne seront pas reçus, le trésorier fournira les blancs signez biffés et cancellés ou les rendra pour en poursuivre nouvelle assignation.

89. Les receveurs étant comptables de la recette ordinaire envers le trésorier, celui du Nivernoys ne devra compte aux gens des comptes de Nevers que pour les deniers extraordinaires.

90-94. Les comptes des deniers extraordinaires seront rendus chaque année à la Chandeleur, le 2 février, examinés à Paris et adressés en la chambre de Nevers en avril, pour être vérifiés et approuvés avec le plus de diligence possible.

95-98. Les fermiers compteront deux fois durant les six années de leur ferme, à la troisième et à la dernière année; ils seront ouïs par les gens des comptes à Nevers après examen par les officiers des lieux.

99. « Laquelle reddition de comptes chacun en droit soy auront esgard speciallement les officiers particuliers des lieulx que lesdits fermiers ne facent aulcune obmission de

recette, soit de cens, rentes et autres choses, et qu'ils speciffient tout par le menu avec les tenans et aboutissans, pour obvier aux usurpations et n'obmettre les deniers casuels, tant des lots et ventes que de la part des proffits de fiefs qui leur sera destinée et amendée, qu'ils ont droit de prendre par leurs baulx.

100. » Et enfin prient mesdits seigneur et dame les auditeurs d'iceulx de prendre soigneusement garde à l'entretennement des conditions portées par les baulx desdites fermes, et speciallement pour la fondation qu'ils ont faicte des soixante filles, fiefs et aulmosnes, reparation des bastimens, chaussées et fossez, desquelles les fermiers sont chargez par leurs baulx, parce que par leur faulte bien souvent ils se ruynent; et de mesme pour les autres charges de contraindre lesdits fermiers d'apporter certification desdits officiers et procureurs generaulx desdits pays du debvoir qu'ils auront faict à l'entretennement de leurs charges. »

Suit le formulaire ou modèle des dépêches énoncées dans les articles ci-dessus (1) :

Forme des rescriptions que les maitres d'hostel, garde robbe et escuyers feront pour faire advancer deniers ausdis argentiers.

Forme des mandemens ordinaires pour les escroues de la maison, chambre et escurye. La dépense ordinaire consiste à faire « habiller les paiges et lacquais, faire faire flambeaulx, les soulliers desdits paiges et lacquais, bottes et bottines de monseigneur; tout le reste, oultre cest ordinaire, comportera la mention du mot extraordinaire.

— des rescriptions que madame fera faire pour la despense de sa chambre.

(1) Outre qu'elles sont fort longues, ces formules ne disent rien par elles-mêmes, mais il y a intérêt à connaitre l'exposé de leur cause, qui mettra parfaitement au courant des procédés de la comptabilité ducale.

— des mandemens pour faire des provisions.

— de l'ordonnance pour faire que les receveurs generaux delivrent argent aux troys argentiers, au cas que leur tresorier ou son commis feussent absens.

— de la rescription de mesdits seigneurs pour faire bailler argent pour quelques voyages ou frays.

— de la rescription au dessoubs de 5o écus sans quittance ni declaration de l'employ.

— de la vallidation pour les rescriptions que l'un de mesdits seigneurs aura depeschées en intencion de faire par après sur icelles depesches un mandement qui n'aura pu estre faict.

-- de mandement plus ample servant à faire paier ceulx à qui il est deu du passé, lorsque l'on prevoyt les marchandises à credit.

— de la quittance que mesdits seigneurs feront lorsqu'ils vouldront eulx mêmes recevoir quelques sommes de deniers pour leurs menus plaisirs excedans touteffois 12 ecus jusques à 20 et de 20 jusques à 5o.

— de la quittance en parchemin que mesdits seigneurs feront pour recevoir de leur tresorier depuis 5o jusques à 1,000 escus.

— de l'ordonnance depuis 12 jusques à 20 ecus.

— du mandement de 20 ecus et au-dessus.

— du mandement pour delivrer argent à quelque maistre entrepreneur d'ouvrage de longue façon.

— du mandement pour l'achapt de quelque chose que messeigneurs ordonneront estre donné à ung qui leur feroyt ung present de la part de quelque prince ou grand seigneur.

— de la quittance que mesdits seigneurs feront à quelque personne qui leur delivrera argent pour le faire mettre entre les mains de leur trésorier.

— des brevets pour le don de deniers provenans des ouvertures des fiefs.

— de mandement que madame fera en l'absence de monseigneur.

— de la rescription que monseigneur depeschera audi tresorier ou son commis pendant qu'il sera en voyage.

— de la vallidation sur les rescriptions que monseigneur aura depeschées pendant son voyage.

— de la rescription adressante aux receveurs generaulx pour delivrer argent à l'un des troys argentiers de la maison, en l'absence du tresorier et de son commis pendant seullement le voyage de monseigneur.

— du mandement qui sera depesché pour faire passer en deniers comptez et non reçeuz les rentes, pensions et autres assignations que mesdits seigneur et dame ont droit de prendre sur les rentes du roy ou que S. M. leur donnera.

Est en somme tout l'ordre et reigle que mesdits seigneurs ont advisé d'establir en leurs finances... furent presens en leurs personnes (Mgr Ludoviĉ de Gonzague, Henriette de Clèves, noble homme Me Claude Marchant, notaire et secrétaire du roy, et les notaires). Et pour ce en premier lieu ledit Me Claude Marchant a promis et promect, sellon le voulloir de mesdits seigneurs et parce que ainsi ils ont convenu et accordé de garder et entretenir de point en point ledit reiglement, sellon la forme et teneur cy-dessus escripte, que ledit Marchant a déclairé avoir bien et particulièrement leu et considéré, et ce pour tel temps qu'il sera en charge et exercice de leur dite tresorerye.

Aura tant pour ses gaiges, voyages, perte de finances et tous autres frais, generallement pour tout ce qu'il pourroit pretendre contre lesdits seigneurs et dame à cause de la charge de tresorier, pour chacune année qu'il sera en charge, cinq cens trente troys escus vingt sols, lesquels il retiendra par ses mains, de quartier en quartier.

Rendra compte chacune année en la chambre des Comptes à Nevers aux despens de mesdits seigneurs et sellon la forme prescrite audit reiglement. A l'entretennement desquelles choses susdites s'obligera comme pour les propres deniers et affaires du Roy et aux mesmes contraintes des tresoriers et receveurs du Roy, et baillera bonne et suffisante caution, au gré de mesdits seigneurs.

Lequel accord a été fait et convenu pour cinq ans, en recette à partir du 1er oct. 1579, en dépense du 1er janvier 1580, pour finir le 1er oct. et 31 décembre 1584, avec réserve de cesser au bout de deux ans en prévenant à Noël et en cas de décès dudit Marchant.

« Faict et passé double, l'an mil cinq cent quatre-vingts, le lundi vingt-uniesme jour de may à une heure du soir, en l'hostel de Nevers-Gonsaga. »

LODOVICO, HENRIETTE, MARCHANT, deux notaires.

II.

REIGLEMENT DES FIEFS.

1. Après avoir monseigneur et madame tellement reiglé le faict et maniement de leurs finances qu'il ne reste plus rien à y adjouster pour esperer à l'advenir une très grande commodité et soulaigement en leurs affaires, ils ont pensé devoir aussi declairer leur intencion sur l'ordre et reigle qu'ils entendent estre gardés à la reception en foy et hommaige de leurs vassaulx. Congnoissant bien que les princes n'ont plus belles remeques (1) de la grandeur de leurs duchez, principaultez, contez et aultres seigneuries que le grand nombre des vassaulx de fort bonne maison et riches qui en relièvent, et que aussi il n'y a chose concernant leur domaine, laquelle ils doibvent avoir en plus grande recommandation, que la conservacion desdits fiefs, et à se retenir le moien de gratiffier et congnoistre leurs vassaulx quand l'occasion se presente, affin de confirmer les ungs et retenir les aultres en affection et bonne vollunté de leur faire service, ce qui les a induict, après avoir bien et meurement

(1) Remarques, indications, signes.

pesé tout ce qui estoit à considerer en ce faict, de faire dresser le reiglement qui s'ensuit, en intencion de le garder et faire bien particulièrement observer par tous leurs officiers, ainsi que à chascun d'eulx appartiendra, ausquelz ilz commandent de ce faire, tant qu'ils ont et auront leur service agreable :

2. En premier lieu mesdits seigneur et dame estimans que leursdits vassaulx aymeront mieulx de prester la foy et serment de fidelité en leurs mains que d'autres commissaires, ils ont deliberé de les recepvoir eulx mesmes, touteffois et quantes que l'ouverture du fief adviendra et qu'ils se presenteront ; et neantmoings, à l'occasion qu'il pourra advenir que la commodité d'aulcuns vassaulx sera de se faire recepvoir sur les lieux speciallement, lorsque pour l'ouverture de leurs fiefs ils ne debvront aulcun proffict ou bien petit, mesdits seigneurs ont commis et depputé aulcuns personnaiges qui seront cy-après denommez pour s'assembler certains jours prefix et en certains lieux, affin de là y recepvoir et non aultrement ceulx qui s'i presenteront, ausquels mesdits seigneurs et dame ont donné et donnent tout et tel pouvoir et puissance que eulx mesmes ont de recepvoir en foy et hommaige lesdits vassaulx. Entendent neantmoings que si le proffict ou rachapt qui en sera deu excède la somme de vingt escuz, qu'ils ne procedent à ladite reception que après les en avoir advertiz et reçeu mandement particulier pour ce faire, et qu'en icelles receptions ils gardent et observent actuellement l'ordre et forme prescripte en ce premier reiglement, declairant dès à present pour l'advenir nulles toutes les receptions en foy et hommaige et blasmes des adveuz qui seront faites aultrement qu'il n'est porté par icelluy, lequel est tel qu'il s'ensuit, pour le regard des commissaires :

3. Au duché de Nivernoys, terres de Bourbonnoys et Berry, mesdits seigneurs ont commis et depputé messieurs les president et quatre maistres des Comptes de leur chambre de Nevers, lesquels ils veullent et entendent qu'ils ne faillent ou quatre d'entre eulx de s'assembler en leursdites chambres

des Comptes de Nevers, precisement tous les premiers samedys de chacun moys, s'il ne sera feste, et en ce cas les vendredys prece! ns pour là recevoir les vassaulx qui se presenteront comme dict est. Et advenant que ledit president feust absent de ladite ville ou malade, il sufira que les quatre maistres des Comptes y assistent avec l'ung des secretaires de la chambre ; en la presence touteffois des advocas et procureurs generaulx de la justice et du domaine, comme ceulx à qui appartient de blasmer les adveuz et denombrementz et par consequent d'avoir congnoissance de tout.

Et pour le regard des vassaulx du Donzioys, lesdits commissaires depputeront deux d'entre eulx pour se transporter à Donzy les lindis après la Chandelleur, de la Sainte-Croix de may, de la Nostre-Dame de la my-aoust et de la Toussaints que l'on tient les assises. Et de mesmes, en depputeront ung ou deux pour les terres de Bourbonnoys et Berry lorsqu'il y aura quelque vassal de qualité, lequel faist difficulté d'aller à Nevers, pour avec le cappitaine du lieu (s'il y sera) recepvoir ceulx qui se presenteront. Et advenant que l'ouverture feust de quelque petit fief, ils pourront commettre, ainsi qu'ils adviseront bon estre, le bailly ou juge avec le cappitaine du lieu pour les recepvoir en la presence du procureur de la seigneurie, à la charge de rapporter en la chambre les sermens de fidélité aussitost qu'ils auront esté expediez, et les procurations de ceulx qui auront esté receuz par procureur, ensemble coppie collationnée des actes de foy baillez à chacun des vassaulx qui auront esté receuz sur les lieulx, ainsy qu'il sera dit cy après.

4-7. Instructions pour le Rethelois, Mantoue, Lesparre, Coulommiers, Picardie.

8. Et d'aultant qu'il n'y a chose qui apporte plus de prejudice aux grands seigneurs que à laisser couler les remuemens des fiefs sans les faire recongnoistre par les nouveaulx vassaulx, à l'occasion que par ce retardement aulcuns preignent oppinion de se tenir coy et tascher à celler,

voire desguiser l'ouverture de leurs fiefs, en entencion de frustrer le seigneur feodal de son droict et mouvance, comme ce peult veoir estre advenu en plusieurs fiefs possedez maintenant comme ils disent en franc alleu, mesdits seigneurs ont deliberé de ne faire aulcune grace des proffits et rachapts que le vassal leur debvra, si dans les troys mois après l'ouverture de son fief il ne se sera presenté à eulx ou à leurs officiers pour faire son devoir... Comme, au contraire, ils font estat de leur en donner ou les deux tiers ou la moictyé ou ung quart, et plus et moings, sellon que l'acquereur l'aura merité en leur endroict. Oultre que le vassal en ce faisant evitera les frays que les procureurs seront contraints de faire par sa negligence, à la saisie de son fief.

9. Les procureurs, aussitôt avertis qu'un fief tenu et mouvant en plein fief est ouvert, devront le saisir « specialement en temps de la cueillette des fruictz et paiement des rentes et redevances, après touteffois que les troys mois de l'ouverture du fief seront expirez », y établir un commissaire solvable et capable, non sujet dudit vassal, tout en agissant avec diligence, fidélité et justice, pour éviter les dommages et intérêts.

10. Le procureur particulier de la châtellenie, averti de l'ouverture d'un fief, préviendra les gens des comptes ; il attendra une quinzaine la réponse du vassal, et passé ce délai, il fera trois exploits de la saisie dont il enverra un à la chambre des comptes de Nevers.

12. Les procureurs s'enquerront si le fief est ouvert « par succession collaterale, eschange, donation, vendicion et aultrement, ou bien par cryées » ; vérifieront la valeur, s'il n'y a pas dissimulation ou division, afin « de retenir ledit fief s'il aura esté vendu à vil pris ou qu'il leur soit commode ». Dans ce cas, ils préviendront mesdits seigneurs par un messager dépêché spécialement.

13. A la criée d'un fief, le procureur donnera l'estimation pour le quint denier à en provenir.

14. Pour l'évaluation, il faudra apprécier si c'est un fief

noble et bien bâti, et dans ce cas l'estimer au denier 30 et
33. S'il est en bordelage, il ne vaudrait que au denier
15 environ, le tout à l'appréciation la plus juste. « Assavoir
comme par exemple si l'achapt estoit de dix mil escuz et le
revenu de la terre de trois cens, estimer au plus près ce que
ladite maison seulle pourra maintenant valloir ; se trouvant
revenir à cinq mil escuz qui seroit la moictyé de dix mil
escuz, l'évalluer seullement à 3,333 écus 30 s., qui est le
tiers, attendu qu'il n'y auroit aukun revenu et l'aultre part
aux deux autres tiers ». Si l'on ne pouvait s'entendre gra-
cieusement, on devait retirer cette part « si le pris estoit
advantageux ou le fief propre et commode pour le domaine
de mesdits seigneurs (1) ».

15. « L'on pourra remarquer les fiefs qui auront beaucoup
de censives et qui consisteront en cens, rentes, bourdelaiges,
terraiges, dixmaiges, mesuraiges, peaiges et toutes autres
sortes de revenus en argent ou grains, comme aussi en
domaine de prez, boys et usaiges qui augmentent tous les
jours en valleur... les ediffices sont difficiles à entretenir, ne
sera fait si grand cas de tels domaines que des aultres, sinon
des moulins et fours bannaulx et halles qui sont beaulx
droits seigneuriaulx et de grand proffit. »

16. Les gens des comptes tiendront registre de la réception
et la feront parvenir à Paris par un messager.

17. Ils prendront un certificat de décharge du bon devoir
qu'ils auront fait.

18. Quand le vassal s'endormira et sera négligent de faire
ses foy et hommage, ils saisiront les fruits du domaine sans
autrement poursuivre.

19. Si le vassal se présente au chef-lieu de sa mouvance
pour faire son devoir et ses offres, il obtiendra mainlevée de
sa saisie.

---

(1) La maison était donc mise en dehors d'estimation pour la valeur
réelle du fief, et si l'on ne traitait pas de gré à gré, le seigneur avait
le droit de se la réserver.

20 à 28. Le vassal enverra les contrats et mémoires relatifs à l'ouverture du fief au procureur particulier, qui en prendra copie et donnera décharge. Les procureurs généraux inscriront les noms du vassal et du fief avec sa valeur. Quand les foi et hommage doivent se faire en personne, le vassal exposera ses motifs d'empêchement. Dans ce cas on accordera un délai de deux ou trois mois à une personne sûre et de mérite, mais pas au temps de la cueillette des grains, parce que n'ayant plus rien à perdre, le vassal pourrait se moins soucier de son devoir. L'éloignement de la mouvance du fief, l'âge des mineurs à l'époque de l'ouverture du fief, même la saisie simulée d'un seigneur à l'autre, seront autant de circonstances qui devront être vérifiées avec soin par les gens des comptes. En cas d'achat, échange ou donation, l'original du contrat sera toujours produit ainsi qu'une copie.

29. Ordre et manière qu'il sera gardé en la reception du vassal qui se presentera à mesdits seigneurs.

« A l'instant que le vassal aura faict la reverence à mesdits seigneurs et supplié de le recepvoir, ils lui declaireront qu'il ayt à mettre ses contrats ès mains de l'un de leurs secrétaires. »

Le quint et requint s'évalue ainsi pour un prix de dix mille écus, le quint est deux mille et le requint desdits, 400 écus. En Nivernois il se liquide à 2,500 écus, sur quoi le fermier a sa part, puis mesdits seigneurs déduisent ce qu'ils voudront.

31-32. Le droit de rachat consiste à prendre le revenu d'une année ou à accepter une somme qu'on appelle le marc d'argent ou à faire estimer en argent le revenu. Le vassal perd le plus à cette troisième condition.

Il sera alors décidé si le fief sera retiré et réuni au domaine ou bien quelle grâce il plaira de faire au vassal.

Les chiffres étant arrêtés ainsi que les conditions convenues selon les circonstances et les pièces examinées « ledict vassal estant doncques venu pour faire les foy et hommaige à mesdits seigneurs, l'un de MM. de leur conseil ou en son absence ledit secretaire l'advertira, auparavant que s'adresser à mesdits seigneurs, d'oster l'espée et ses eperons, s'il les aura, et de mettre ung genou à terre, tenant la teste nue et joindre ses mains lorsque mondit seigneur le recepvra, lequel les enfermera dans les siennes et en tel estat ou aultrement, selon qu'il plaira à mesdits seigneurs le dispenser, luy fera prester le serment de fidelité.

» (Le vassal doibt une pièce d'or au vallet de chambre de son seigneur feodal lorsqu'il luy preste les foy, et que ledit vallet de chambre tient son espée.) »

38. Le serment est inscrit sur parchemin, signé « s'il sçait escrire », scellé du sceau et des armes du vassal. La réception par procuration consistera dans les mêmes formalités. Les mineurs paieront comptant les droits de quint et rachat. Les frais de saisie et évaluation, s'il y en a, et les droits du fermier seront réglés à la réception et non après.

39-48. Délai de trois mois à accorder au vassal. — Quittance des droits à inscrire au dos de l'acte de foi. — S'il est fait grâce du droit, le chiffre figure quand même dans le compte par « entrée et issue ». — L'acte sera dressé le jour même ou au plus tôt après.

49. La taxe pour les petits fiefs, sans profit, sera de 5 testons pour les secrétaires et autant pour le sceau ; les grands fiefs paieront 3 écus. La taxe des dépêches pour un profit de cent écus sera du denier douze, et au-dessus du denier vingt, toujours déduite la part du fermier.

50-53. Défense de rien réclamer en sus du droit fixe. — Les actes prêtés et envoyés seront adressés par quartier à la chambre des comptes de Nevers.

54-55. Pour les réceptions sur les lieux, les commissaires se réuniront aux époques convenues, le procureur lira la liste des fiefs et des vassaux, les sommes portées, les remises du quart ou moitié et les droits du fermier.

56-57. Après les formalités et mandements, la cérémonie de réception sera supprimée en grande partie. Le vassal se bornera à faire le serment en mettant les mains sur l'Évangile.

58. Si le vassal ne se présente pas, les commissaires se transporteront au chef-lieu de la mouvance et compteront en plus les frais de voyage et autres.

62-66. Taxes pour réceptions par procuration : Président des comptes, ung escu ; quatre maîtres des comptes, chacun 1/2 escu ; advocat et procureur generaulx, ung escu ; procureur du domaine, un écu ; procureur particulier de la chastellenie, 1/2 écu ; deux secrétaires de la chambre, ung escu ; en tout 7 ecus 1/2.

67. Aveux et dénombrements à faire dans le délai d'un mois. Ils seront examinés par le procureur particulier, vérifiés sur les anciens, blâmés ou acceptés. Le procureur au domaine recherchera tous actes indiquant des rectifications d'erreurs volontaires. Et si le vassal ne veut y consentir, il sera traduit en jugement devant les officiers du duc.

Les gens des comptes devront veiller aussi scrupuleusement que possible à la prompte et exacte exécution des aveux ; ils ne communiqueront les pièces que par exception, « ladite chambre n'est archive publique, ains particulière et domestique seullement pour leur maison. »

Pour stimuler le devoir des officiers, à chaque blâme d'aveu, les procureurs généraux recevront un écu, le procureur du domaine établi à la chambre des comptes de Nevers un écu, les procureurs particuliers 1/2 écu.

Les originaux de tous les aveux seront serrés aux liasses et mis aux layettes du trésor par ordre de seigneuries, châtellenies et prevôtés.

III.

NEVERS. — Monsieur le Bailly, 10 écus (1).

Garde seel general aux contracts de tout ledit duché, sans aucun proffict ny auctorité que le seul tiltre, 1 écu.

Cappitaine de la ville et chastellenie de Nevers, Chasteauneuf-sur-Allier, Marzy et les Amoignes, 4.

Lieutenant general, juge ducal et de pairie du Nivernois, 10.

Lieutenant particulier, ...

Advocat general du duché, 4.

Procureur general dudit duché, 5.

Garde seel aux sentences de la chastellenie.

Garde scel particulier aux contracts de la chastellenie de Nevers, 2.

Six avocas et sergens pour la force de la justice, chacun 3.

Huissier de l'auditoire de la justice.

Président en la chambre des Comptes de Nevers, 6.

Quatre conseillers maistres des comptes en la chambre, chacun 4.

(1) Les chiffres représentent toujours des écus de trois livres et des sols, la livre étant comptée à 20 sols. Beaucoup d'offices n'ont aucun chiffre, les gardes du scel aux sentences n'en portent jamais et sont suivis de plusieurs points, sans doute parce qu'on ignorait le prix exact de la provision. Quelques fonctions subalternes sont suivies du mot : néant, toujours écrit de la main du duc, probablement parce qu'on ne payait pas.

Les chiffres portés dans notre copie doivent tous être doublés et sont inscrits dans le manuscrit de la façon suivante :

Monsieur le Bailly { 10 V pour le secrétaire.
                    { 10 V pour le scel.

Le signe V indique les écus. Afin de simplifier l'impression, nous avons seulement donné les chiffres.

Procureur du domaine, 3.

Deux secrétaires de la chambre ayant provision d'exercer l'estat de nottaire royal, 2.

Huissier de la chambre et consierge des prisons, 3.

Chappelain de la chappelle de la Magdeleine, fondée audit chasteau.

Consierge du chasteau de Nevers ayant le proffict du jeu de paulme, 3.

Jardinier dudit chasteau, néant. — Trois messagers du roy, chacun 1.

CLAMECY. — Cappitaine de Clamecy et de Chastelcensoy, 2 écus.

Juge ordinaire dudit Clamecy, 4. — Procureur dudit juge, 3.

Procureur de l'ordinaire et de la grurie audit Clamecy, 2.

Garde seel aux sentences. — Garde seel aux contrats, 2.

Geollier, 1. — Nomination de l'evesché de Bethleem au pape.

DEZISE. — Cappitaine de Dezise et de Cercy-la-Tour, 2 écus.

Juge ordinaire dudit Dezise, Ganay, Champvert et Cercy-la-Tour, 4.

Lieutenant dudit juge desdits lieux, 3.

Procureur de l'ordinaire et grurie desdits lieux de Ganay, Champvert et Cercy-la-Tour, 4.

Garde seel aux sentences. — Garde seel aux contrats, 2.

Concierge du chasteau, 1. — Geollier, 1.

MOULINS. — Cappitaine de Moullins-Engilbert, 2 écus.

Juge audit Moulins, 4. — Lieutenant dudit juge, 3. — Geollier, 1.

Procureur, 2. — Garde seel aux sentences — Garde seel audit Moulins, 2.

SAINT-SAUGE. — Cappitaine de Saint Saulge, 2 écus.

Juge de l'ordinaire et grurie, 3.

Procureur de l'ordinaire et grurie, 2.

Garde seel aux sentences. — Garde seel aux contrats, 1. —
Geollier, 1.

Luzy. — Cappitaine de Luzy et Savigny-Poil-Fol, 2.
Juge dudit Luzy, Savigny-Poil-Fol et de la grurie, 3.
Procureur de l'ordinaire et grurie desdits lieux, 2.
Garde seel aux sentences. — Garde seel aux contrats, 1.
— Geollier, 40 sols.

Liernais (1). — Cappitaine de Liernais et Saint-Brisson (2),
2 écus.
Juge, 3. — Procureur, 2. — Garde seel aux sentences.
Garde seel aux contrats pour Liernais et Saint-Brisson,
1 écu. — Geollier, 40 sols.

Saint-Brisson. — Juge de l'ordinaire et grurie, 3 écus. —
Procureur de l'ordinaire et grurie, 2. — Garde seel aux
sentences. — Geollier, 40 sols.

Montreuillon. — Cappitaine de Montreuillon, 2 écus.
Juge de l'ordinaire et grurie, 3. — Procureur de l'ordinaire
et grurie, 2.
Garde seel aux sentences. — Garde seel aux contrats, 1. —
Geollier, 40 sols.

Montenaison. — Cappitaine de Montenaison et de Champallement, 2 écus.
Juge, 3. — Procureur, 2.

---

(1) L'on m'a escrit qu'il n'est de besoing d'avoir en Liernais un
capitaine, à cause qu'il vouldroit avoir les droits de guets et qu'il
sufira que l'on recomande ladite chastellenie à quelque gentilhomme
voisin de là. — Mais est à considerer que les drois de guets se laissent
volontiers aux capitaines des lieux, come pour suplement de leurs
gaiges. Et pour ce, fault faire evalluer lesdits drois de guet par touttes
les chastellenies du Nivernois, afin de veoir le profit que les capitaines en pourront retirer, les ayant, pour selon leur valleur se go-
verner, à leur laisser les gaiges. (Note de la main du duc.)
(2) Saint-Brisson (Nièvre), canton de Montsauche; Liernais (Côte-
d'Or).

Garde seel aux sentences. — Garde seel aux contrats, 1 écu
— Geollier, 4o sols.

CHAMPALLEMENT. — Juge dudit lieu, 3 écus. — Procureur, 2.
Garde seel aux sentences. — Garde seel aux contrats, 1. —
Geollier, 4o sols.

MONCEAULX, METZ et NEUFFONTAINES.
Cappitaine de Monceaux, Metz et Neuffontaines, 2 écus.
Juge desdites châtellenies, 4. — Lieutenant desdites chât.,
3. — Procureur desdites chât. et grurie, 2.
Garde seel aux sentences, garde seel aux contrats desdites
châtellenies, 1.
Jaugeurs des vaisseaux et mesures aux chât. de Metz,
Monceaux et Neuffontaines, 2.
Geollier de Monceaux, 1 écu. — Geollier de Metz, 4o sols.
La chapelle de Sainte-Catherine, fondée au château de
Metz, a esté par Monseigneur annexée à l'evesché de
Bethleem en 1584.
Geollier de Neuffontaines, 4o sols.

CHASTELCENSOY. — Le cappitaine de Clamecy est aussi cappi-
taine de Chastelcensoy.
Juge dudit lieu, 3 écus. — Procureur, 2.
Garde seel aux sentences, garde seel aux contrats, 1 écu.
— Geollier, 4o sols.

CHASTEAUNEUF-AU-VAL-DE-BARGIS. — Cappitaine, 2 écus.
Juge, 3. — Procureur, 2. — Garde seel aux sentences,
garde seel aux contrats, 1. — Geollier, 4o s.

DORNECY. — Cappitaine, juge, procureur, garde seel aux sentences et aux contrats, geollier (1).

_____

(1) Savoir come l'on se gouverne tant à la capitainerie que justice
dans Dornecy, attendu qu'elle est par moitié avec nous et l'abbé de
Vezelay. Les officiers de la justice, nottaires et sergans y sont establis,
mais fault savoir s'ils jugent par indivis et s'ils sont institués par
nous et par l'abbé de Vezelay. (Note de la main du duc.)

LA GUIERCHE. — Cappitaine, 2 écus. — Juge, 3. — Procureur, 2.
— Garde seel aux sentences, garde seel aux contrats, consierge
du chasteau et geollier, 1.

CUFFY. — Cappitaine, 2 écus. — Juge dudit lieu, 3. — Procureur, 2.
Garde seel aux sentences. Le garde seel aux contrats est
celui de Nevers. Consierge et geollier.

CHASTEAUNEUF-SUR-ALLIER. — Le cappitaine de Nevers est
aussi cappitaine dudit lieu. — Juge, 3 écus. — Procureur,
2. — Garde seel aux sentences. — Garde seel aux contrats
est celui de Nevers. — Geollier, 40 s.

MARZY. — Juge, 3 écus. — Procureur, 2.

LES AMOIGNES. — Juge des Amoignes, 3 écus. — Procureur, 2.

LA MARCHE, CHAULGNES, POGUES, GARCHISY et TRONSANGES.
Cappitaine de tous lesdits lieux, 2 écus.
Juge dudit La Marche et Chaulgnes, 3. — Procureur, 2.
Garde seel aux sentences, garde seel aux contrats de Nevers
est celui desdits lieux. — Geollier, 40 s.
Juge de Pogues, Garchisy et Tronsanges, 3 écus. — Procu-
reur desdits lieux, 2.
Garde seel aux sentences. Le garde seel aux contrats de
Nevers est cellui desdits lieux. — Geollier, 40 s.

DONZY. — Cappitaine de Donzy, 2 écus.
Le commis pour les causes d'appel, juge de la pairie, 5.
Lieuténant, 3. — Procureur de l'ordinaire et grurie, 3.
Chappelles de Nostre-Dame et de Sainte-Anne, fondées au
château dudit Donzy, 1.
Prebandes de l'église Saint-Caradeu, fondées en l'église au
dessoubs du chasteau.
Garde seel aux sentences, garde seel aux contrats.
Consierge du chasteau dudit Donzy, 1. — Geollier, 1. —
Messager-juré, 40 s.

Cosne. — Cappitaine du chasteau de Cosne et Miennes, 2.
Juge, 3. — Procureur, 2. — Garde seel aux sentences,
garde seel aux contrats, consierge dudit chasteau et
geollier, 40 s.

Entrain. — Cappitaine d'Entrain, 2 écus.
Juge ordinaire et de la grurie, 4. — Procureur de l'ordi-
naire et grurie, 3.
Garde seel aux sentences, garde seel aux contrats, 2. —
Geollier, 1.

Druye. — Cappitaine de Druye et Estais, 2 écus.
Juge, 3. — Procureur de l'ordinaire et grurie, 2.
Garde seel aux sentences, garde seel aux contrats, 1. —
Geollier, 40 s.

Estais. — Le cappitaine de Druye est cappitaine dudit lieu.
Juge, 3. — Procureur, 2. — Garde seel aux sentences,
garde seel aux contrats, 1. — Geollier, 40 s.

Corvol. — Cappitaine de Corvol et Billy, 2 ecus.
Juge, 3. — Procureur, 2. — Garde seel aux sentences,
garde seel aux contrats, 1. — Geollier, 40 s.

Billy. — Le cappitaine de Corvol est cappitaine dudit lieu.
Audit Billy y a ung autre chasteau nommé Murat qui se
feroit bien fort (*sic*).
Juge, 3 écus. — Procureur, 2. — Garde seel aux sentences,
garde seel aux contrats, 1. — Geollier, 40 s.

Saint-Vrain. — Le bailliz de Nivernois l'est aussi de Saint-
Vrain.
Cappitaine de Saint-Vrain, Bohy, Saint-Sauveur et Saint-
Marceau, 2 écus.
Lieutenant general de la justice dudit Saint-Vrain, 4. —
Lieutenant particulier, 3.
Procureur, 2. — Garde seel aux sentences, garde seel aux
contrats, 1 écu 20 s. — Consierge et geollier, 40 s.

Bouhy. — Lieutenant, procureur, garde seel aux sentences, garde seel aux contrats est celui de Saint-Vrain. — Geollier, 40 s.

Saint-Sauveur. — Juge, 2 écus. — Procureur, 1. — Garde seel aux sentences, garde seel aux contrats, 1. — Geollier, 40 s.

Terres du Bourbonnois (1). — Châteaumeillant et Berry. — Terres du Berry : Les Aix-d'Angillon.

Nottaires dudit duché et autres terres. Lès nottaires de Nevers, Donzy et Clamecy, 3 écus.

Nottaires aux autres villes, 2. — Nottaires des bourgades, 1 écu 20 s.

Sergens. — Les sergens desdites villes, 3 écus. — Les sergens des autres villes, 2 ; des bourgades, 1 écu 20 s.

Sanseurs et adiousteurs des mesnes villes, 2 écus ; des bourgades, 1.

Avocats et procureurs aux sièges royaulx pour demander le renvoy :

Saint-Pierre-le-Moutier, Guillaume Roux, avocat.

Auxerre, Edme-Vincent-Claude Vernillat.

Moullins-en-Bourbonnois : advocat, procureur.

---

(1) Gouverneur des terres de Bourbonnois et de Chateaumeillan et cappitaine du château de Montrond, 3 écus.

Bailly de robbe longue de Saint-Amant, Orval, Bruyères-sur-Cher et Espineul. — Lieutenant général. — Procureur de l'ordinaire et gruie. — Garde seel aux sentences et aux contrats. — Consierge et geollier du château de Montrond. — Geollier de Saint-Amant fol. 100).

Gruerie. — Montrond et pour Orval, Espineul et Bruyères-sur-Cher. M. le gruier ; lieutenant. — Procureur. — Cappitaine des gardes. — Garde des bois de Lespau, Montrond, forêt de Suilly, de la Jarrie, du Plex des forges ; greffier du siège (fol. 102).

DE LA GRURIE DE NIVERNOIS, DONZIOIS, BOURBONNOIS
ET BERRY.

Nivernois.

Monsieur le gruier du Nivernois, 5 écus (1).

Lieutenant general dudit gruier, 6. — Lieutenant particulier, 2. — Procureur general, 4. — Cappitaine des gardes du siege de Nevers pour les bois dudit siège et forest de Mauboux, 2.

Greffier de la maistrise, 4. — Sergent à cheval de la maistrise, 1.

Garde de la Garenne, bois de Forges, bois Chevalier, bois Lambert, bois Burgay et Sainct Esloy, 1 écu.

Garde du bois au Merle et garde de la garenne dudit quartier, 1.

Garde du bois Rose, Montserin, bois Dieu et garenne de Vaujou, 1.

Garde de la grande et petite Faye et forest du Seau, 3o sols.

Garde du bois de Cuffy, La Guierche, la Chasse et autres, 3o s.

Garde de la forest de Mauboux, 1 écu.

Garde de la garenne à lièvre de Saint Esloy, 40 s.

Sergent collecteur parce qu'il s'afferme, néant.

Dezise. — Juge dudit gruier, 1 écu. — Procureur pour estre sur l'ordinaire.

Cappitaine des gardes dudit siège et de Luzy, 3 écus.

Garde de la moitié de la forest de Glenon, 1.

Garde de l'aultre moitié et bois adjacents, 1.

Garde de la forest de Bessay et moitié de Briffault, 1.

Garde de la moictié de Briffault et bois adjacents, 1. — Garde de Champvert, 40 sols.

(1) L'*Inventaire* des *Titres de Nevers* ne contient aucune mention sur l'administration forestière appelée grurie.

Garde des bois de Brin, Brosses et autres petits bois près Dezise, 40 s.

Greffier du siège, 2 écus. — Sergent collecteur parce qu'il est affermé, néant.

Luzy. — Juge dudit sieur gruier pour estre de l'ordinaire. — Procureur pour l'ordinaire, néant.

Garde des bois de Dosne, Charbongne et Purgendes, 40 s.

Garde des bois de Sauves, de Coust et usagers de Savigny-Poil-Fol, 40 s.

Garde du grand et petit Gisay, 40 s.

Greffier du siége, 1 écu. — Sergent collecteur parce qu'il s'afferme.

Montenaison et Champallement. — Juge dudit siége et gruier, 1 écu. — Procureur, 1. — M⁰ sergent de Montenaison pour les bois dudit lieu, de Champallement et Lurcy.

Garde de la forest et bois adjacents de Montenaison, 40 s.

Garde des bois de Lurcy. 40 s.

L'une des gardes de Champallement qui est pour la Forgeotte, Troussay et bois Dessard, 40 s.

Garde de Dompierre, Soleve, Lothue hour (?), Montmarion, Fay et autres, 40 s.

Greffier dudit siége, 1 écu. — Sergent collecteur parce qu'il s'afferme, néant.

Saint-Saulce. — Juge dudit sieur gruier pour estre sur l'ordinaire, néant. — Procureur, id., M⁰ sergent dudit siége, 40 s. — Garde du bois des Eschures et daidigt, 30 s.

Garde des bois de Saxibourdon, 30 s. — Greffier dudit siége, 1 écu.

Sergent collecteur parce qu'il s'afferme, néant.

Montreuillon. — Juge dudit sieur gruier pour estre sur l'ordinaire. — Procureur pour id., néant.

M᷎ sergent de Montreuillon, 40 s. — Garde des bois le comte et bois de Montreuillon, 3o s.

Usages, 3o s. — Garde du bois de Gandrye, 3o s. — Greffier dudit siége, 1 écu.

Sergent collecteur parce qu'il s'afferme, néant.

SAINT-BRISSON. — Juge dudit sieur gruier pour estre sur l'ordinaire. — Procureur, id., néant.

Garde des Sauves, 40 s. — Greffier dudit siége, 1 écu.

Sergent collecteur parce qu'il s'afferme, néant.

MONCEAULX POUR METZ, NEUFONTAINES ET DORNECY. — Juge dudit sieur gruier, 1 écu. — Procureur pour estre sur l'ordinaire, néant.

Cappitaine des gardes pour Monceaux, Clamecy et Metz, 3.

Garde de la forest de Chastillon et Sauloye, 40 s.

Garde des pièces particulières, 40 s.

Garde de Metz pour les bois dudit lieu et partie de La Maison-Dieu, 40 s.

Greffier dudit siége, 1 écu. — Sergent collecteur parce qu'il s'afferme, néant.

CLAMECY ET POUR CHASTELCENSOY. — Juge dudit sieur gruier, 1 écu. — Procureur, néant.

Garde des bois le duc et demy plant, 40 s. — G. de Cuncys, 40 s. — G. de Surgys, 40 s. — G. de Chastelcensoy, 3o s. — Greffier dudit siége, 2 écus. — Sergent collecteur parce qu'il s'afferme.

DONZY ET POUR CHASTEAUNEUF-AU-VAL-DE-BARGIS ET SAINT-VRAIN. — Monsieur le gruier dudit Donzy, 5 écus. — Lieutenant particulier dudit sieur, 2.

Procureur pour estre sur l'ordinaire, néant.

Cappitaine des gardes de Donzy, Entrain et Chasteauneuf, 3.

Première garde des bois de Donzy, 1. — Seconde garde, 1.

Garde des bois de Chasteauneuf, autre garde. — Garde des bois de Bellefaye, autre garde. — Garde des Gar-

miers (?). — Garde des bois usagers, 40 s. — Greffier, 1.
— Sergent collecteur parce qu'il s'afferme.

ENTRAIN. — Juge dudit sieur gruier. — Procureur, pour
estre sur l'ordinaire, néant.
Mᵉ Sergent, 1 ecu. — Garde de la forest franche, 1.
Garde des bois usagers en justice, 40 s. — Greffier dudit
siège, 1 ecu.
Sergent collecteur parce qu'il s'afferme.

BILLY POUR ESTAIS ET CORVOL. — Juge dudit gruier, 1 ecu.
— Procureur, 1 ecu.
Cappitaine des gardes de Billy, Estais, Dreue, Corvol et
Courcelles, 1 ecu.
Garde des grands bois. — Garde des taillis. — G. d'Estais.
— G. de Courcelles. — G. des Vieilles-Tailles, 40 s. —
Greffier dudit siège, 40 s. — Sergent collecteur parce
qu'il s'afferme, néant.

DREUE. — Juge dudit sieur gruier, 1 ecu. — Procureur,
néant. — Garde des bois usagers, 40 s.
Garde du bois Frain. — Greffier dudit siège, 1 ecu. —
Sergent collecteur parce qu'il s'afferme.
Des terres en Bourbonnois et Berry. — Du duché de
Rethelois, de l'ordinaire et terres souveraines. — De la
principauté de Manthoue. — Terres en Picardie. —
Syrie de Lesparre.
Taxe d'aucuns officiers de mesdits seigneurs lorsqu'ils
vont en commission pour leur service.
Visitation generale du Nyvernois.
Monsieur le bailly, par jour, 3 ecus.
Monsieur le lieutenant general ou particulier, 2 ecus.
Monsieur l'advocat general, 1 ecu 40 s.
Monsieur le procureur general, 1 ecu 40 s.
Greffier au domaine, 1 ecu.

DOMAINE ET MESSIEURS DES COMPTES :
Monsieur le président, par jour, 2 écus.

L'ung des maistres des comptes, 1 ecu 40 s.
Au procureur au domaine, 1 ecu 40 s.
A l'ung des secrétaires de ladite chambre, 1 ecu.

GRURIE DE NYVERNOYS.

A monsieur le gruier, par jour, 2 ecus.
A monsieur le lieutenant général ou particulier, 2 ecus.
Au procureur general de la gruerie, 1 ecu.
Au greffier de la maistrise, 1 ecu.
Au sergent à cheval de la maistrise, 40 s.

VISITATION GENERALE ET GRUERIE DU RETHELOIS.

Nyvernoys. — Pareil deffroy et taxe auront messieurs les lieutenans general et particulier, advocat et procureur generaulx, secretaires de la chambre, qu'il a esté dit cy-devant pour les officiers de la justice ordinaire du Rethelois, 2 bouches, 2 chevaulx et par jour 1 écu.

De mesme auront messieurs les lieutenant general ou particulier de la grurie, procureur general d'icelle et greffier de la maistrise.

Pareil deffroy et taxe aura monsieur le president des Comptes que ledit lieutenant general et messieurs les maistres des Comptes et procureurs au domaine que MM. les advocas et procureurs generaulx.

TAXE POUR LES FIEFS.

Pour les petits fiefs pour lesquels ne sera deu aucun prof-fict, le secrétaire, le garde seel auront 5 testons.

Et si le fief sera de grande quallité, le secretaire aura 2 ecus, le garde seel 2 écus.

Et s'il sera deub proffict ou rachapt qui n'excede 100 écus, deduict le droict du fermier, le secretaire et garde seel auront à raison du denier 12, comme s'il valoit 72 ecus, ils auront pour eulx deux six ecus.

Et si ledit proffict ou rachapt excedera 100 ecus, deduit le droict du fermier, sera pris pour eulx deux ung escu pour 20, à scavoir si le proffict sera de 160 ecus ils auront 8 ecus qui feront pour le secretaire 4, pour le seau 4.

Laquelle taxe desdictz proffits ou rachaptz sera paiée ausdits secretaire et garde-seel, soit par mesdits seigneurs ou par le vassal, au *prorata* de ce que chascun d'eulx auront des susdits 160 ecus ; sur lesquelles parts le contrerolleur general prendra de 5 testons l'un sur la part du secretaire.

Et le garde registre pareille part sur la taxe du garde seel.

QUELQUES RÉCLAMATIONS

LES TAXES DU CLERGÉ EN NIVERNAIS

A LA FIN DU XVIᵉ SIÈCLE.

———

L'Église a rapidement possédé de grands biens en France, surtout à l'occasion du départ pour les croisades, où les seigneurs vendaient leurs biens sans pouvoir les reprendre à leur retour. Les rois en vinrent bientôt à réclamer des subsides. Il est constant que le clergé de France a toujours payé des tributs au roi et qu'il a contribué aux charges de l'État comme les autres ordres du royaume. D'abord extraordinaires et irrégulières, ces contributions sont ensuite devenues fixes et annuelles sous le nom de décimes, appellation réservée au moyen-âge aux taxes appliquées sur les biens du clergé.

Une levée de deniers fut imposée au clergé par Louis le Jeune en 1147, à l'occasion de sa première croisade. Les abbayes de Saint-Benoît-sur-Loire, de Ferrières et de Brioude demandent des modérations, des délais pour payer, même des suppressions de taxes.

En 1187, à la croisade de Philippe-Auguste, les États ordonnèrent qu'on lèverait sur les ecclésiastiques la dîme d'une année de leurs revenus, et depuis cette époque les impositions mises sur le clergé prirent le nom de dixmes ou décimes. Pendant les quarante-quatre ans du règne de saint Louis (1226-1270), il fut levé onze décimes sur le clergé.

Pendant les croisades, les rois demandèrent aux Papes

quelques bulles pour faciliter la levée des décimes, prétextant les dépenses qu'ils faisaient pour les guerres ayant un but re'. eux contre les infidèles, les Albigeois, les princes excommuniés ; mais ce n'était, de leur part, qu'une marque de complaisance et de vénération pour le Siége apostolique, parce que la justice la plus élémentaire exigeait que les seigneurs ecclésiastiques, faisant d'ailleurs partie de l'État, prissent une part égale à ses charges.

En 1516 les décimes furent réduites en droit ordinaire par édit de François Ier, qui règle la manière d'établir et de percevoir cette sorte d'imposition. La méthode alors adoptée continua à être suivie.

C'était l'année du célèbre concordat de Léon X et François Ier, substitué à la pragmatique-sanction rédigée à Bourges en juillet 1438 par l'assemblée des évêques français.

Les principaux articles du concordat (1) touchaient au rétablissement des annates pour les grands bénéfices, c'est-à-dire à l'abandon, à titre de taxe, à chaque vacance, du revenu d'une année (2) ; à la suppression des élections chapitrales et leur remplacement par le droit de nommer les évêques conféré au roi et leur institution canonique exclusivement réservée au Saint-Siége. Toutes les autres dispositions se référaient aux questions de bénéfices, de prieurés et de prébendes (3).

En 1561, l'assemblée générale du clergé de France, réunie à Poissy, s'engagea par contrat à donner à Sa Majesté 1,600 mille livres par an pendant six années. A différentes reprises, les syndics généraux du clergé obligèrent de nouveau ce corps à payer tous les ans environ 1,200 mille livres pour acquitter les rentes créées par le roi sur l'Hôtel-de-Ville de Paris et,

(1) Pour le texte entier, voyez Labbe, *Recueil des Conciles*, t. XIV, col. 358 et suiv.
(2) Equivalent du droit de rachat pour les fiefs.
(3) Voyez Pasquier, *Recherches sur la France*, p. 239.

malgré certaines protestations, il n'en est pas moins réel qu'une bonne partie de ces sommes furent effectivement payées. Les grandes assemblées du clergé se tenaient tous les dix ans, et les décimes ordinaires ont servi à payer cette rente de 1,200 mille livres (1).

Le mécanisme financier des contributions imposées au clergé, consistant en une taxe annuelle et régulière, la décime, et en subventions extraordinaires, donnait lieu à une série de documents qui sont parfois intéressants pour l'histoire locale. Ils contiennent des noms d'hommes et de lieux cités dans des circonstances particulières et des allusions à divers événements qui ont marqué dans le pays.

Un volume des Taxes du clergé, aux Archives nationales (2), consacré au diocèse de Nevers pour la fin du seizième siècle, fournit un certain nombre de pièces comptables et de chartes relatives à des demandes de modération de taxes. Elles sont précieuses à signaler pour compléter les renseignements déjà donnés par celles qui sont dispersées dans les archives de province.

Les pièces comptables sont de deux sortes : le département des sommes imposées au diocèse de Nevers entre chaque archiprêtré, qui se chargeait ensuite d'attribuer la portion afférente à chaque bénéficiaire, et les comptes du receveur.

Voici l'un de ces départements, transcrit par extraits, avec les noms (3) et les chiffres :

Le chapitre de Nevers, 400 livres.
L'Évesque de Nevers, mille livres.
Le doyen, 50 livr. — Le grand archidiacre, 5 livr. — L'archidiacre de Decize, 5 livr. — Le tresorier, chantre, secretain et scolastique, la bourse des bacheliers, 10 livr. — L'archiprieur de Nevers, 2 livr. — La portion de la Made-

---

1) Voyez Dict. d'Expilly à assemblées du clergé.

(2) Arch. nat. G8, 1216. Chartes et cahiers reliés en un volume.

3) Ces listes, dressées à Paris, ont quelquefois tellement défiguré les noms que plusieurs n'ont pu être identifiés.

leine, 6 livr. — L'abbaie et couvent Saint-Martin, 300 livr.
— L'abbaie et couvent Notre-Dame de Nevers, 400. — Du
prieur de Saint-Estienne, 100 livr. — Du prieur de Saint-
Saulveur, 200. — Du prieur de Saint-Victor, 50. — Du
prieur de Saint-Gildard, 60 livr. — Du prieur de Sainte-
Vallière et la chap. Saint-Silvain, 70 livres.

Archiprieuré des Vaulx :

Prieuré de Champvoux, 160 livr. — Satinges, 60. —
Aubigny, 300. — Secretain d'Aubigny, 10 s.

Archiprieuré de Premery :

Le prieur d'Asnois, 120 livres. — Premery, 50. — Le
chapitre de Premery, 100. — Le chapitre du Bois-Follet,
13 livr. — De Tannay, 110 livr. — Chapitre de Saulvyn (*sic*),
Sauvigny.

Archiprêtré de Chastillon :

Prieur de Chastillon, 140 livr. — D'Abon, 50. — De Lau-
vannes (?). — De Bisches, 120. — De Château-Chinon, 60.

Archiprêtré de Thianges :

Le doyenné de Parrigny, 50 livres. — Le prieuré de
La Ferté, 260. — De Coulanges, 200. — De Langy, 55. —
D'Anlezy, 50. — De Moustier-en-Glenon, 10. — De Faye
et Colombe, 25.

Archiprêtré de Decize :

Le chapitre de Dorne, 5 livr. — De Decize, 100. — De
Saint-Privé, 50. — De La Chapelle aux Chatz, 50. — De Lucenay-les-Aix, 200. — De Saint-Loup, 65. — Le secretain
de Montempuis, 7 livr. — Le pr. de S. Symphorien, 150 livr.
— De Saint-Andoche, 60. — De Cossaye, 140.

Archiprêtré de Moulins :

L'arch. de Moulins, 100 livr. — L'abbaye et couvent de

Bellevaulx, 160. — Le prieur de Commagny, 260. — De Mazilles, 200. — De Saint-Honoré, 100. — Le prieur et couvent d'Apponay, 60.

Archiprêtré de Lurcy :

Le prieur de Guipy, 200. — De Jailly, 40. — De Lurcy-le-Bourg, 366. — De Saint-Reverien, 200. — De Saint-Saulge, 220. — De Saint-Sulpice-le-Chastel, 130.

Archiprêtré de Saint-Pierre-le-Moûtier :

Le prieur de Saint-Pierre-le-Moûtier, 500. — Le secretain, 25 livr. — Le chambrier, 12 livr. — Le pr. de Beaulieu, 20. — Le pr. de Chantenay, 90. — De Maré, 66. — De Saint-Imbert, 66. — De Saint-Augustin, 42.

Il y a quatre départements contenant ces mêmes noms de contribuables, avec des sommes variant au total de 7 à 9 mille livres pour la contribution du clergé du diocèse, mais de là aux comptes des versements réels il se trouvait des différences sensibles.

Les comptes étaient arrêtés tous les ans, au mois de décembre, par recette et par dépense, le receveur faisant au nom du roi les versements qui lui étaient commandés, approuvés ensuite par les députés du clergé du diocèse, vérifiés à Paris et définitivement régularisés par lettres-patentes. A titre d'exemple, le compte de 1569 pour le diocèse de Nevers, apuré le 22 décembre 1576, portait en recette 9,616 livr. 2 s. 4 d., et en dépense 8,980 livr. 1 s. 9 d. Les autres années ils étaient rendus par semestres et répondaient à peu près aux mêmes chiffres, bien qu'il y ait eu dans ces exercices beaucoup d'irrégularités empêchant de se former une idée exacte de ces contributions.

Nous avons les comptes fournis par Pierre du Marché, receveur particulier du Nivernois, pour les années 1568, la première de sa gestion, 1569 et suivantes jusqu'à 1574. Prenons quelques détails du compte de 1574. La subvention de l'église Saint-Cyr était divisée par petites fractions assignées à chaque chapelle qui figurent toutes par leur nom. Chapelle Saint-Aré, Sainte-Barbe, N.-D. de Grâce, « les trois coustres de ladite eglise » étaient portés pour 39 s. 8 deniers.

N.-D des Chapelles, des Trois-Rois, la chapelle noire.

L'abbaye de Notre-Dame et quatorze chapelles qui en dépendaient.

Les cures de la ville comprises entre les croix jusque dans les environs, comme Coulanges, Chaluzy, Saint-Eloy.

Les vaux de Nevers contenaient 35 cures et chapelles, dont plusieurs situées sur le territoire actuel du Berry.

A Prémery, 39 contribuables, parmi lesquels figure la maladrerie de Saint-Mathieu.

A Châtillon, 46 noms de cures, prieurés et deux maisons-Dieu à Château-Chinon et Châtillon.

A Thianges, 38 noms de cures, chapelles et prieurés et la maladrerie de Ville-lez-Anlezy.

A Decize, 39 chapelles avec la maison-Dieu et maladrerie de Decize.

A Moulins, 35 chapelles avec les maladreries de Moulins et Lanty.

A Lurcy-le-Bourg, 63 cures, chapelles et prieurés avec les maisons et maladreries de Lurcy et Saint-Saulge.

A Saint-Pierre-le-Moûtier, 50 cures, chapelles et prieurés, parmi lesquels la maison-Dieu de Chambon (Livry), maison-Dieu de Saint-Pantaléon, la maison-Dieu de Saint-Pierre-le-Moûtier, l'hospital de Villefranche (commune de Tresnay), l'hospital de Chasteaux, près le Veurdre.

Ces localités, mentionnées sous la qualification d'hôpital, peuvent être interprétées comme refuges de malades ou comme biens dépendant des chevaliers de Saint-Jean-de-Jérusalem; mais il est probable que maison-Dieu et hospital étaient pris dans le même sens, les maladreries étant spécialement réservées aux lépreux. Ces établissements charitables n'étaient jamais compris dans les rôles de taxes sur le temporel du clergé. Il y en a un ou plusieurs dans chacun de nos archiprêtrés; cette taxe est une exception spéciale au diocèse de Nevers.

Voici quelques chiffres que j'emprunte aux localités de l'archiprêtré de Saint-Pierre : La cure de Saint-Pierre, 4 livr. 12 s. — Azy-le-Vif, 37 s. — Chantenay, 59 s. — La vicairie de la Ferté-Chauderon, 20 s. — Saincaize, 57 s. — La vicairie N.-D. d'icelle, 8 s. — Aspremont, 23 s. — Meaulce, 49 s. — Challuy, 19 s. — Aglan, 14 s. — Mars, 59 s. — Les prieurés de Chantenay, Garambert, Mars, Saint-Imbert et Saint-Augustin payaient 4 livres chacun; le prieuré de Saint-Pierre, 32 livr.

D'autres comptes de décimes du diocèse de Nevers, présentés par M⁰ Pierre de Favardin pour les années 1589 à 1592, portent une mention relative aux rentes du duc de Nevers, dont il a été question dans le réglement des finances du duché.

« A M. le duc de Nevers, gouverneur et lieutenant général pour le roi en son duché de Nivernois, la somme de 500 ecus à luy payez par ledit Favardin pour trois quartiers echeuz le dernier jour de décembre 1587, à cause de 666 livres 40 s. de rente qu'il a droit de prendre par chascun an sur l'hostel de ville de Paris et à luy constituée par MM. les prevosts des marchands et echevins de ladite ville, dès le moys de may 1570, laquelle rente ledit sieur duc avoit ceddée et transportée aux Jesuistes de ladite ville de Nevers qui luy ont icelle retroceddée par quittance du 10 mai 1580, par laquelle est mandé au premier sergent sur ce requis de contraindre ledit Favardin au paiement de la somme de 666 livr. 15 s. et icelle mettre ès mains de M⁰ Claude Marchand (1), son trésorier et receveur général de ses finances. »

En 1589, la rente ne paraît pas avoir été payée; on a dû

(1) Son contrat avec le duc pour cinq années, 1580-84 (Bibl. nat., ms. fr. 4532), a été imprimé ci-dessus, p. 18.

user de contrainte envers le receveur qui n'avait sans doute pas d'ordre précis à cet égard. Il porte qu'à « son reffus il auroit esté constitué prisonnier ès prisons de ladite ville et qu'on luy auroit signiffié la vente de ses meubles, laquelle somme de 500 escus Icellui Favardin auroit payée pour éviter à plus longue détention de sa personne et vente de sesdits meubles. »

Puis chaque année, à une date différente, mais sans accumuler les annuités, on trouve la mention de pareille somme des 666 livres, toujours payée après contrainte. Ce qui prouve les confusions signalées dans le réglement des finances du duc de Nivernois (1) et la rigueur dont il fit preuve pour assurer la rentrée régulière des dettes.

Dans ce même compte est portée parmi les décharges une somme de 286 écus assignée pour la part de l'abbaye Notre-Dame de Nevers, dont elle a été exemptée par lettres-patentes du roi, et une autre de 185 écus au prieur de Saint-Pierre-le-Moûtier, toutes les deux faisant partie des décimes ordinaires (2).

Le recouvrement se faisait avec grandes difficultés. Les ordres donnés aux receveurs tombaient dans le vide en présence des oppositions de toute nature faites par les bénéficiers taxés d'office. Claude Dumarché, substitué au diocèse de Nevers par Mᵉ Nicolas Lescalopier, commis de M. Marcel,

(1) Fol. 17, n° 88. Le trésorier Marchant, lorsque les rentes n'étaient pas payées, devait porter un blanc-seing biffé qui permettait d'en poursuivre une nouvelle assignation.

(2) D'autres pièces comptables sont éparses dans le volume et méritent seulement d'être signalées : 11 mai 1567, quittance du versement, par les mains de Jacques Gassot, commis des receveurs généraux du clergé de France à Bourges, de la somme de 1,279 livres 4 s., faisant le parfait paiement de 9,279 livres 4 s. assignez ausdits sʳ evesque de Nevers et deputez du clergé dudit lieu pour leur part de la subvention du clergé de France. — Quittances de la même année pour sommes dues à titres divers et relatives aux aliénations de biens du clergé. — Déclarations du revenu de la sacristie de l'église Saint-Cyr. — Deux rôles de taxes pour l'année 1570.

pour percevoir les 205 écus 1/2 de rente assignés au diocèse de Nevers, constate qu'il a été obligé de faire reprise de plusieurs sommes « soubs le nom d'aucuns beneficiers dudit diocèse contre lesquels ledit supplyant auroit fait faire saisies, establissemens de commissaires et adjournemens à fin de redition de compte, lesquelles poursuittes à l'occasion des troubles assez notoeres à ung chascun ledit suppliant n'auroit pu faire decider, encore moings peu faire aucune poursuitte à l'encontre desdits beneficiers à l'occasion des troubles qui ont toujours esté et sont encores de present audit diocèse ».

On lui refusait ses gages, soit 12 deniers pour livre, ses frais et voyages, et il doit s'adresser aux cardinaux-députés du Saint-Père pour rentrer dans sa rémunération.

En somme, la responsabilité des receveurs disparaissait devant la puissance des contribuables qui ne payaient pas; les autorités finissaient par s'entendre et le receveur en était quitte pour faire reprise; les actes de ce genre donneront quelquefois des faits intéressants.

Venons maintenant aux subventions extraordinaires du clergé, recouvrées parfois par les mêmes receveurs que les décimes et figurant dans leurs comptes. La confusion dans ces sommes de diverses provenances est si grande qu'on ne saurait chercher des éclaircissements de chiffres ou même des détails de finances; il est préférable de n'en retenir que les conséquences matérielles et morales. C'était, d'une part, la ruine de petits prieurés incapables de payer les taxes, et, d'autre part, les réductions accordées sans cause suffisante et pour des motifs non fondés. Le roi, ayant besoin de sommes importantes, s'adressait au pape qui, par une bulle, l'autorisait à lever sur le clergé de France une somme déterminée pendant tant d'années.

La fin du seizième siècle a vu beaucoup de ces bulles discutées d'avance par la diplomatie des deux États et témoignant de la bonne entente entre le pape et le roi de France. La bulle décrétant l'impôt nommait des députés généraux,

4

ordinairement des cardinaux, siégeant à Paris, chargés, de concert avec le Parlement, de l'application des taxes et des réclamations auxquelles elles donnaient lieu. Chaque diocèse était porté à un chiffre, et l'opération délicate du département de ce chiffre incombait aux délégués élus par l'assemblée du clergé du diocèse.

Chaque diocèse était l'objet de lettres-patentes adressées à l'évêque et au clergé, indiquant le but et la destination des fonds demandés. Notre manuscrit rapporte celles-ci, de l'année 1563, pour l'évêque de Nevers :

« A cause des grandes dettes, dit en substance Charles IX, où nous nous sommes trouvé à notre avénement à la couronne, les prélats et députés du clergé de France, mus d'une grande affection à notre service et au bien de nos affaires, ont consenti, le 28 octobre 1561, à payer pendant six années une imposition s'élevant à 37,450 livr., destinée à l'acquit et rachat de nos domaines, aydes, gabelles et rentes constituées sur les recettes tant generales que particulières du royaume engagées par nous et nos prédécesseurs à l'Hotel-de-Ville de Paris à constitution de rente, montant en capital à la somme de sept millions cinq cent soixante mil livres, intérêts et frais en plus, s'élevant à 1,600 mille livres. »

Nous avons parlé des délégués de chaque diocèse. Voici une pièce qui concerne le nôtre :

19 février 1565, procès-verbal par Jacques Spifame, en son château de Premery, de la nomination des députés du clergé de Nivernois : « Furent esleus par lesdits beneficiers, M. Estienne Ténon, chanoyne de Nevers ; Regnaud de Buffevant, prieur de Lucenay-les-Aix ; domp Guillaume du Lys, prieur de Jailly ; Jehan de Montfoy, prevost à Tannay ; le commandeur de Biches pour les Rhodiens, et Pierre Chevreault, curé de Ville-lez-Antezy, tous six nommés pour procedder au departement de ladite somme de 27,275 livres et autres sommes contenues ès lettres-patentes du roy données à Fontainebleau le 13e jour de mars 1563. »

Les procurations données à ce sujet aux délégués par le clergé nivernais citent beaucoup de noms. La plus importante, datée du 16 décembre 1572, est une véritable nomenclature du clergé de l'époque :

« Messire Gilles Spifame, evesque de Nevers, nobles et scientifiques personnes Mᵉ Guillaume de Paris, doyen de l'eglise de Nevers et curé de Begnin des Boys, François de Fontenay, grand archediacre et chanoine en ladite église de Nevers, prieur-curé de la Montaine et curé d'Uxeloup, lesdits de Paris et de Fontenay, tant en leurs noms que pour et au nom de venerables doyen et chappitre dudit Nevers, venerables Pères frère Guillaume du Lys, abbé de l'abbaïe et monastèr. Saint-Martin dudit Nevers, nobles et discrettes personnes Mᵉ Olivier de Pontalier, prieur de Saint-Reverien, domp Pierre Rousseaul, secrestain du prioré Saint-Estienne de Nevers, pour lui et le prieur dudit lieu ; Mᵉ Pierre Chevreau, curé dudit Saint-Estienne, de Villes-les-Anlezy et de Luthenay ; Mᵉ Claude Cotignon, au nom et comme procureur de Mᵉ Victor Barbelat, prieur Saint-Nicolas dudit Nevers ; Mᵉ Simon Cotet, curé de Neufvis-sur-Allier et prieur Saint-Victor dudit Nevers, pour lui et les chapellains des chapelles fondées en l'eglise dudit Saint-Victor ; Mᵉ Jehan Roault, curé dudit Saint-Victor de Nevers ; Mᵉ Symeon Jourdin, curé Saint-Martin dudit Nevers et prieur-curé des priorés-cures de Saint-Gildas-lez-Nevers et de Saint-Oing ; Mᵉ Leonard Robelin, prieur de Lurcy-le-Bourg ; Mᵉ Jacques Billot, doyen de Franay-les-Chanoynes, pour lui, les curé, chanoynes et chappitre dudit lieu et encoures comme procureur de Mᵉ Blaise Bergier, curé de Naulay ; Mᵉ Guillaume Gaudin, curé de La Marche et de Tronsanges ; Mᵉ Gilbert Aubouer, curé de Germigny-sur-Loyre ; messire Thomas Berthier, curé de Solangy ; Mᵉ Martin Lamalle, ou nom et comme procureur de Mᵉ Guillaume Lamalle, curé de Garchizy ; Mᵉ Jehan Millin, curé de Varennes-lez-Nevers ; messire Michel

Doussac, curé du Veullin et d'Aspremont ; messire Guillaume Marie, curé de Marzy ; domp Pierre de Bougy (sic), secrestain au prioré d'Aulbigny-sur-Loyre ; M⁰ Anthoyne Dureau, curé de Sermoyse ; M⁰ Pierre Janicot, curé de Saint-Pierre-le-Moutier, et encoures pour et au nom du curé de Pogues, ledict Dulys pour et au nom de domp Nicolle de Montchannyn, curé de Jaulgenay ; domp Jacques Mathieu, au nom et comme procureur de M⁰ Jehan Boydot, curé d'Aizy-le-Vif, ledict Janicot comme procureur de M⁰ Jehan Bidault, curé de Chantenay ; M⁰ Gilbert Guerin, curé de Roziers ; M⁰ Jehan Courtoux, curé de Cours-soubz-Maigny ; M⁰ Paule Marillat, curé de Langeron ; M⁰ Jehan de Lavau, curé de Meaulce ; M⁰ Thomas Berthet, curé de Mars ; M⁰ Pierre Gallemard, curé d'Aglan ; M⁰ Pierre Bonneau, curé de Maigny ; M⁰ Jehan Rossignol, curé de Livry, lesdicts Janicot et Rossignol chanoynes de Saint-Pierre-le-Moustier, pour eulx, les autres chanoynes et chappitre dudict lieu, ledit Mathieu au nom et comme procureur de l'abbé de l'abbaye et monastère de Bellevaulx et du prieur de Saint-Pierre-le-Moustier ; domp Sebastien Barat, secrestain au prioré dudict Saint-Pierre-le-Moustier ; M⁰ Pierre de Saint-Vincent, prieur de Mars ; M⁰ Jehan Camus, curé d'Imphy ; M⁰ Gilles Bussy, curé de Parrigny-sur-Sardolles, et encoures comme procureur des religieuses, prieuré et couvent de La Ferté-sur-l'Ixeure ; M⁰ Loys Collin, curé de Prye-sur-l'Ixeure ; M⁰ Pierre Cornu, curé de Reugny, et encoures comme procureur de M⁰ Jehan Guenot, curé de Franay-le-Ravier ; frère Esme de Lanvaulx, prieur de Saint-George d'Anlezy ; M⁰ Claude de Paris, curé de Sardolles ; M⁰ Pierre Pourchasson, curé de Mingot et de Saulvigny-les-Chanoynes ; M⁰ Thomas Pourneau, curé de Saint-Parize-en-Viry ; M⁰ Leonard Grillot, prieur Saint-Privé-lez-Desise et curé de Devay ; M⁰ François de Besson, chanoyne de Dorne, pour luy, les doyen, chappitre et curé dudict lieu ; M⁰ Guillaume Gillot, curé de Saint-Symphorien ; M⁰ Esme Morand, curé de Craux ; M⁰ Guillaume

Bertessemer, curé de Saint-Loup-sur-Abron ; M° Anthoyne Gillier, curé de La Chappelle-aux-Chatz ; M° Toussainct Cheurat, curé de Saint-Germain-en-Viry ; M° Pierre Bourtault, curé de Saint-Romain de Lucenay-lez-Haiz ; M° Marc Cousin, curé de Coussaye ; M° Loys Vallet, curé de la Selle ; domp Nicollas Mareschal, prieur de Lucenay-les-Haiz, ledict Morand au nom et comme procureur de frère Pierre Bardet, prieur de Coussaye, avec son membre de Saint-Germain-en-Viry ; M° Mathieu de Lavaul, curé de Giry et encoures comme procureur de M° Jehan Sirot, curé de Champlin, et de M° Jehan Vachier, curé d'Olon ; M° Jehan de Maigny, curé de Neufville ; M° Jehan Neutvyn, curé d'Ars-en-Bouy ; M° Jehan Rochery, au nom et comme procureur des prevosts, chanoynes, chappitre et curé de Tannay, de M° Jehan de Montfoy, prieur-curé de Morasches, et de M° Anthoyne Popon, curé de Cuncy ; M° Pierre Trassard, curé de Montenoyson ; M° Hierosme Petit et Nicolas Chifflard, chanoynes de Premery, pour eulx et les doyen, chanoynes, chappitre et cure dudict lieu ; M° Gilbert Bodin, curé de Suensy-Forte-Rêve (Saint-Cy-Fertrêve) ; M° Jehan Regnault, curé de Tintury ; M° Jehan Ligier, au nom et comme procureur de M° Loys Perreau, curé de Bazolles, et M° Vincent Putillot, curé de Saint-Ligier-de-Fogeray, et de M° Claude Lebitte, curé de Chasteaulchignon, et M° de La Maladrerye dudit lieu ; M° Jehan Bourbonnais, curé de La Chappelle Balleray et de Saint-Martin-d'Eulle ; M° Jehan Laléman, comme procureur de M° Pierre Chanfeu, curé d'Aschun ; M° Jehan Michot, curé d'Onay ; M° Pierre Chauvelin, prieur - curé de Sainte-Vallière-lez-Nevers, chappelain de la malladrerye de Chastillon et encoures comme procureur des chanoynes, chappitre et cure de Molins-lez-Engilbertz ; M° Jehan Bardin, curé de Montreullon ; M° Jacques Regnault, prieur de Jailly ; M° Jehan Lyon, curé de Givredy (Sainte-Marie) et encoures comme procureur de M° Philippes Gignot, curé de Saint-Martin-de-la-Bretonnière ; M° Pierre Godard, curé de Saint-Fremynde-Bussy ; M° Petre Chalon , curé de Saint-Eloy-lez-Nevers ; M° Jehan Rameau, curé de Palzy ; Jehan de Saint-George, escuyer, au nom et comme procureur de M° Regnaud de Saint-George, prieur de Guyppy, et M° Anthoyne Segueneau, ung des curés Saint-Genys de Nevers, tous faisans et representans une bonne partye du clergé du diocèse dudict Nevers... »

Lecture leur est faite de l'engagement, par les représentants du clergé de France à Paris, d'accorder à S. M. le secours de six cent mille livr. t. par chacun an durant douze années, outre les charges qui se paient à l'Hôtel-de-Ville de Paris, frais de perception et divers, rachat de ces rentes, etc., et encore une rente et revenu annuel de cent mi : : livres.

Et aussi après avoir entendu les grands et urgents affaires dudit sieur roy en les grands frais qu'il convient à S. M. faire pour parachever de mettre son royaulme en repos (la Saint-Barthélemy avait eu lieu le 24 août précédent) et rendre ses subjetz obeissans à Dieu et recognoistre son esglise.

Le contrat étant loué et approuvé, ils constituent leurs procureurs, Pierre de Gondy, év. de Paris, et plusieurs autres s'engageant à s'imposer jusqu'à concurrence d'un décime, « oultre ce qui a esté arresté lever en l'année 1567, et ce jusqu'à la prochaine assemblée générale du clergé. »

Nous avons une autre procuration du 8 avril 1583, par Arnaud Sorbin, évêque de Nevers ; M° Guillaume du Lis, abbé de Saint-Martin de Nevers ; Jehan de Roffignac, doyen dudit Nevers et prieur de Saint-Saulge, et Guillaume Dyen, chanoine, députés du clergé de Nivernois. Ils exposent que le clergé a été « du tout apouvriz » par les nombreuses subventions déjà accordées, et surtout par les spoliations faites ès-églises et maisons de Dieu par l'injure des guerres passées ; qu'ils ont consenti , par contrat du 20 février 1580, à payer, durant six années, treize cent mille livres par an

« pour satisfaire aux rentes que les hostelz de ses villes de Paris et Thoulouze pretendent leur estre deues », sous promiesse qu'il ne serait levé pendant ces six années « aucunes decymes, empruntz ny dons gratuits ». Qu'il a été cependant ordonné de lever trois décimes extraordinaires et deux autres encore avec rigueurs et contraintes. Et on ajoute : « Les beneficiers sont tellement ruynez et denuez de moyens que s'ils estoient pressez au payement de tant de charges, ils seroient contraintz d'abandonner leurs eglises, laisser le peuple sans administration de service et sacremens, changer de profession et se retirer où il leur seroit possible, comme desjà plusieurs ont esté necessitez de ce faire. » Qu'en cette considération ils s'en réfèrent aux termes du contrat qui les dispense des décimes ou qu'alors ils ne payeront pas les rentes de l'Hôtel-de-Ville de Paris.

Qu'ils présentent « les remonstrances dudit clergé, ensemble les certifications du recepveur particullier et sergens des decimes dudit diocèse contenant les benefices destituez de pasteurs, aultres qui, par piété, sont desservis par personnes ecclesiastiques qui ne percoipvent aucuns fruitz ny revenus d'iceulx, n'estant encoures suffisans pour le payement des decimes ordinaires », ainsi que les bénéfices saisis déjà pour le payement des autres subventions.

Du 11 septembre 1587, deuxième procuration par Arnaud Sorbin, évêque de Nevers ; Étienne de Favardin, prieur de Saint-Étienne et grand vicaire de l'évêque ; Étienne Le Roy, abbé de Saint-Martin ; Jehan de Rolfignac, doyen et chanoine de Nevers ; Eustache du Lys, chanoine-trésorier ; Guillaume Dyen, Nicollas Mognot, Sébastien Frenillot, aussi chanoines ; Jehan Guenot, curé de Saint-Victor ; Jehan de Corbigny, curé de Saint-Arigle ; Gilbert Dubosc, curé de Saint-Genys ; Pierre La Malle, curé de Saint-Père ; Alexandre Louet, curé de Saint-Trouvé, et Claude Bouguin, curé de Saint-Sauveur. La procuration avait pour but de s'opposer à la vérification et publication de la bulle du 30 janvier 1586 et autre bulle du 30 juillet 1587, sur la

vente et aliénation des derniers 50 mille écus de rente,
laquelle ne peut avoir lieu « sans le consentement légitime
du clergé presté solempnellement en assemblée generale,
comme à Blois et à Melun ».

Ces pièces, que nous avons rapprochées entre elles pour
montrer le rôle des assemblées du clergé, sont jointes dans le
manuscrit à des documents d'autre nature concernant les
prieurés ou établissements particuliers. Sans cohésion entre
elles, ces réclamations se rapportent à la même question des
taxes du clergé à des dates peu éloignées les unes des autres.
Elles constatent les ruines et les dépenses causées par les
guerres des huguenots en Nivernais.

Le 18 août 1569 (1), en la salle du palais royal de
Bourges, eut lieu, en présence des commissaires subdélégués
par les cardinaux députés de Sa Sainteté, l'adjudication
d'une pièce de pré, mise en vente pour satisfaire aux taxes
du clergé imposées au prieuré de Saint-Honoré.

Le prieur d'alors, Guillaume Sarde, était taxé à un écu
d'or de rente pour sa part et portion dans les 50 mille écus.
Pour s'acquitter, il consent à la vente « d'un quartier de
pré ou d'environ à cueillir trois chartées de foing ». Les
affiches sont posées, le jour indiqué, l'estimation faite par
experts à 50 sols tournois de revenu ; les chandelles sont
allumées, la vente proclamée à haute voix par Jehan Mauger,
sergent royal et préconiseur-juré en cette ville de Bourges. Il
est pris par un sieur Jehan Mathé à la somme de soixante-
trois livres douze sols et un denier de cens, auquel il est
adjugé après extinction des feux. Il en jouira pleinement,
paisiblement, lui, ses hoirs et ayants-cause désormais à toujours comme sa propre chose, à la charge de payer entre les
mains de Nicollas Allabat, commis du sieur Claude Marcel,
en cette ville de Bourges, ladite somme de 63 livres 12 sols
tournois « faisant la somme d'ung escu, à quoy ledit prieur
a esté cotizé pour sa part desdits cinquante mil escuz ».

(1) Arch. nat., G8 1216, n° 1.

Le prieuré de Montempuis (commune de Saint-Parize-en-Viry) était taxé à une rente de quatre écus d'or. Pour s'acquitter il a mis et exposé en vente « vingt-trois quartes de seigle, mesure de Montempuys que ledict prieur a droict de prandre chascun an le jour de Saint-Berthomier sur ung molin appellé le molin de Gresigny, scitué et assis en la paroisse de Dornes, au territoire de Gresigny, qui jouxte aux bruères de Gresigny, au pré d'Aubry et au chemin tendant du bourg de Dornes au villaige de Marnac, dict Lojet, et aussy au villaige du bas ».

Les affiches posées, la vente a été adjugée le 24 octobre 1569 à « Gilbert Desrues comme dernyer encherisseur à la somme de huict vingtz livres trn. (160) et à la charge de deux denyers t. de cens accordables envers ledit prieur et des cinq pour cent pour les fraiz ».

Il aura pleine propriété des objets à la condition de payer les 160 livres « pour et en acquit dudict prieur de Montempuys ».

Le 12 janvier suivant, 1570, une deuxième vente eut lieu, consistant en « ung estang appelé l'estang de Fesseul, scitué et assis en la paroisse de Neufville (Neuville-lez-Decize), appartenant audit prioré, tenant aux terres de Colas et Durand, avec les aisances et apartenances d'icelluy estang, en ce non compris la pesche dudict estang, estroussé et adjugé au même Gilbert Desrues à la somme de quatre-vingt-quatorze livres 8 sols trn. et à la charge de 2 deniers t. de cens au prieur de Montempuis ». Ces deux ventes formaient un capital de 160 + 94, soit 254 livres, somme suffisante pour constituer à 5 p. o/o la rente de 4 écus valant environ 12 livres tournois.

Ces ventes étaient évidemment consenties à titre de bail emphythéotique avec les taxes dues au fisc à l'expiration des 99 années de jouissance. On trouve à la suite plusieurs exploits d'huissiers de 1645 concernant les immeubles aliénés au siècle précédent, en exécution de la décision royale, par le chapitre de Saint-Cyr.

4.

« La velve et héritiers Jehan Panetier ou leurs ayans cause, propriétaires du moulin Martelet, de Nevers (sur la Nièvre, quartier de la Barre), alliéné à bourdelaige par le chapitre Saint-Cire dudict Nevers, subject à reversion taxé pour l'année du revenu, suivant l'estimation faite pardevant le sieur commissaire à la somme de cent livres. »

« Mᵉ Charles Guynet, nottaire royal à Nevers, propriétaire d'une maison scize audit Nevers, rue de la Pelleterie, alliénée à bourdelaige du chapitre Saint-Cire, subjet à reversion taxé pour une année du revenu, suivant l'estimation faite pardevant les sieurs commissaires à la somme de trente livres. »

« La vefve Thonnelier au lieu d'Antoine Gourdon, ou ses ayans cause, propriétaires d'une maison scize à Nevers, rue Saint-Arigle, alliénée à bourdelaige du chapitre Saint-Cire taxé pour une année du revenu à quarente livres. »

« Mᵉ Jacques de Favardin et Mᵉ Estienne Descollons, propriettaires de quatre arpens de pré en la prairie de Boulorge, alliénez à bourdelaige du chapitre Saint-Cire, subjets à reversion taxé pour une année de revenu à quarente livres. »

« Claudine Guynet au lieu d'Edme Guynet ou ses ayans cause, propriétaires d'une maison scize en la rue de la Chapellerie, alliénée à bourdelaige du chapitre de Saint-Cire..., taxé pour la somme de trente livres. »

Claude Gaignat, pour une maison sise près Saint-Arigle, rue de la Pelleterie, taxée à trente-six livres.

La taxe de l'abbaye Notre-Dame de Nevers donna lieu à une série de pièces qui sont entièrement conservées. En voici quelques extraits :

« *Au Roy et à Messeigneurs de son conseil privé.*

» Sire, Françoise de Fontenay, abbesse de l'abbaïe Nostre-Dame de Nevers, vous remonstre très humblement comme ou mois d'octobre mil Vᵉ soixante-huit il auroit pleu à Vostre Magesté lever une certaine somme de deniers pour subvenir aux affaires de la guerre sur le clergé de vostre roiaulme, sans touteffois que l'intencion de vostredite Majesté ayt esté que les abbaïes monniales y feussent aulcunement comprinses, ce neantmoings messieurs les commissaires et depputez generaulx dudit clergé proceddans à la taxe et cotisation desdicts deniers par inadvertance ou autrement, auroit taxé ladicte abbaïe Nostre-Dame de Nevers à la somme de quatre cens livres tr. Combien que de toute ancienneté elle n'a point accoustumé d'estre comprise en telles taxes. Ce consideré, Sire, et que c'est contre l'intention de Vostredite Majesté, il vous plaise ordonner qu'elle sera rayée du roolle et que le receveur, tant general que particulier dudit clergé sera et demourra quitte et deschargé de ladite somme, et en ce faisant elle sera de plus en plus enclainte au service divin et à prier Dieu pour la conservation de Vostredite Magesté. »

Cette requête fut renvoyée aux députés généraux du clergé établis à Paris, pour donner leur avis, sur le contenu, le 13 octobre 1569.

Le 19 novembre suivant, les députés assistés de deux conseillers au Parlement, se réunirent, et après avoir rappelé les termes de la requête de l'abbesse de Notre-Dame, qui se fondait sur ce qu'elle avait été considérée comme « une abbaïe d'hommes et non pas monniales », le conseil émit ainsi son avis :

« Lesdictz syndics depputez generaulx et commissaires susdicts sont d'advis, soubz le bon plaisir du roy et desdictz seigneurs de son conseil, que ladite de Fontenay, abbesse, doibt estre rayée des taxes et roolles de l'octroy d'octobre mil Ve soixante-huit, en esgard que le roy et lesdits seigneurs de son conseil n'ont point entendu que les religieuses et monniales feussent comprinses dans les taxés et taxées audit octroy d'octobre, et à ceste cause que les receveurs, tant generaulx que particuliers, doibvent demourer deschargez de ladite somme de quatre cens livres. Fait à Paris, le 19ᵉ jour de novembre mil cinq cens soixante-neuf. »

La somme de cinquante mille écus de rente à prélever sur le clergé de France avait été départie entre chaque diocèse, et le diocèse de Nevers devait fournir un contingent fixe de deux cent cinq écus et demi. Les deniers dont l'abbaye de Notre-Dame venait d'être dispensée devaient être « rechargez sur les aultres benefices dudit diocèse. »

Il y avait un autre point à régler. Les biens de l'abbaye ayant été saisis dès l'année 1568, elle se trouvait sans aucun revenu.

Le conseil privé est de nouveau appelé à se prononcer et décide le 3o novembre suivant « la plaine mainlevée des fruicts saisiz pour le payement de ladite somme, deffendant au receveur des decimes dudit diocèse et tous aultres qu'il appartiendra d'inquieter ne molester lesdites abbesse et religieuses, leurs receveurs et procureurs pour raison de ladite taxe. »

L'année d'après, en septembre 1570, l'affaire n'était pas encore réglée. Les lettres-patentes de Charles IX, datées du 4 septembre, invoquent les décisions déjà prises à la suite de la contrainte où les religieuses de Notre-Dame avaient dû payer leur subvention. Les lettres déclarent que « toutes les metairies de ladite abbaie ont esté ruinées et bruslées, le bestail et les meubles y estans emmenez et pillez par ceulx de la religion pretendue refformée de Vezelay, Sancerre et La Charité, durant les troubles derniers ». Les religieuses supplient que les 400 livres leur soient rendues et rembour-sées, et le roi ordonne « que des premiers et plus clairs deniers de ladite subvention, le sieur Claude Marcel, rece-veur général à Paris, rende et paie à l'abbesse de Notre-Dame de Nevers la susdite somme de 400 livres. »

Les lettres ci-dessus étaient précédées de l'avis favorable du conseil privé, rendu dans les mêmes termes.

Les trois députés du Saint-Père : Charles, cardinal de

Lorraine; Charles, cardinal de Bourbon, et Nicolas, cardinal de Pellenc, renouvellent la même dispense en invoquant les mêmes causes de ruines et pertes résultant de la guerre. Ordre est ensuite donné au receveur général Claude Marcel de rendre la somme de quatre cens livres, 9 nov. 1570. Puis vient la quittance datée du 30 novembre 1570 de Martin Legresle, bourgeois de Paris, procureur des religieuses de Notre-Dame de Nevers, fondé de pouvoir, en vertu d'une procuration de Me Gilbert Taillandier, notaire en la prévôté de Saint-Pierre-le-Moûtier, de la susdite somme de 400 livres effectivement reçue.

Enfin, comme dernier document concernant cette affaire, les lettres datées du 7 décembre 1570 par Léonard de Damas, seigneur de Thianges et Cercy-la-Tour, capitaine et bailli de Saint-Pierre-le-Moûtier, et Me Toussaint Guillaume, conseiller-maître des comptes du duc, attestent que « en l'abbaye et monastère refformé Nostre-Dame de Nevers, de l'ordre Saint-Benoist, reverante dame, dame Françoise de Fontenay, abbesse; dames Jehanne du Myage, prieure; Marthe Amyet, Charlotte du Pontot, Anne Bynet, dicte de Tours, religieuses et senieures en icelluy monastère; Catherine Olivier, Catherine Le Bor ; ing, Marie de Roffignat, Marguerite Grouyer, Claude de Lange et Anthoinette de Savre, toutes religieuses audict monastère, assemblées capitulairement au son de la cloche pour traicter des affaires de leur eglise. »

La bulle du Saint-Père, continue la charte, du 24 novembre 1568 a décrété la vente et aliénation à perpétuité de cinquante mille écus de rente des biens de l'église du royaume de France, sur lesquels on a fait le département de 205 écus et demi pour la part et portion du diocèse de Nevers.

Ladite abbaye y était taxée pour 5 écus de rente, soit à la somme de 120 écus soleil, valant, à raison de 53 sols trn., un capital de 318 livr. trn. Les receveurs des diocèses de Bourges et Nevers, bien qu'ils aient reçu charge de per-

cevoir la somme et qu'ils aient commencé des poursuites et
saisies, confessent n'avoir rien reçu des religieuses et qu'ils
ne leur réclameront rien à l'avenir.

Le chapitre collégial de Dornes, d'après sa requête du
9 février 1570, a été taxé à 72 écus sol (1); les fruits et
revenus ont été saisis et vont être donnés à ferme au plus
offrant. Les pauvres chanoines institués il y a trente-cinq ou
quarante ans dans l'église paroissiale de Dornes, « qui est
un pauvre village et lieu champestre, » par messire Thierry,
de Dornes, père du seigneur actuel, ont rempli jusqu'ici
leur devoir, qui était de prier Dieu pour la famille de leur
fondateur ; mais aujourd'hui, « chargez et foullez de gens
d'armés qui passent continuellement par ledit bourg, qui
n'est clos ni fermé », accablés d'impôts trop lourds, ils ont
esté contraints de quicter et dellaisser leurs dites prebendes et
doyenné et d'eulx retirer çà et là hors dudit bourg de
Dornes, tellement qu'il y a plus de 18 moys qu'il ne s'est dit
aulcun service pour ladicte fondation... que les susdits
72 écus exceddent de beaucoup le revenu d'une année de
ladicte fondation, laquelle n'est que de cent livres ou deux
cent sept thonneaulx de bled qui sont reduictz à trente-cinq
livres trn., sept poinssons de vin, pour toutes choses, par
chascun an, à despartir en sept portions, scavoir est en cinq
prebendes et le doyen qui en prend deulx ». Le seigneur de
Dornes qui prévoit l'abandon des prebendes va supprimer la
rente et pour exécuter l'intention du fondateur établir une
chapelle dans la maison seigneuriale de Dornes si les commissaires ne consentent pas à supprimer la taxe imposée.
Par décision des cardinaux députés, les « doyen et chanoines fondez en l'église parrochial de Dornes, diocèse de
Nevers, ont esté exemptés de la somme de trois escuz d'or
soleil de rente, au denier 24, revenant, à raison de 53 sols
l'écu, à 9/20 10 livres seize sols trn., à laquelle lesdiz doyen
et chanoines ont esté taxez. »

(1) Arch. nat., G⁸ 1216, pièces 28 à 32.

Le commis particulier de la recette dans le diocèse de Nevers, Pierre du Marché, était assisté dans ses opérations d'un conseil spécial composé, en 1570, de messire Guillaume de Paris, official de Nevers et vicaire général ; Etienne Tenon, Guillaume Dyen, chanoines ; Pierre Chevreau, curé de Saint-Etienne, église parrochialle de Nevers, depputez du clergé de Nyvernois. Ils certifient, le 20 octobre 1570, qu'il n'y a dans le diocèse de Nevers « aulcun benefice appellé les habitez de Chalonges », contrairement à ce qui est porté dans le rôle des taxes du clergé.

L'évêque de Nevers était taxé pour sa quote-part à une rente de 30 écus. Il présenta une réclamation aux cardinaux députés. Les 30 écus de rente, suivant le calcul du jour, montaient au denier vingt-quatre, d'après l'instruction, « à la somme de sept cent vingt escus. Il avait versé 784 livr. 5 sols et demande grace pour le reste. » Les raisons alléguées par lui sont du même ordre que les autres. « Il n'auroit esté possible, dit la charte des cardinaux, à monsieur de Spifame, evesque dudit evesché, fournir encores plus grande somme à cause des taxes grandes desquelles sondit evesché a esté plusieurs foys surchargé, tant pour les decymes ordinaires et extraordinaires que pour la soulde des gens de guerre et fourniture de vivres au camp qui estoit devant La Charité et Sancerre, mesme pour les fortifications et reparations de villes, levées de prisonniers et autres fraiz innumérables dont il nous a faict suffisamment apparoir. »

En raison du peu de revenu qui resterait audit évêque pour résider dans son évêché s'il était contraint de « satisfaire entièrement à ladite taxe imposée par nous » et du bon devoir qu'il a fait pour le paiement déjà effectué, on le tient quitte et déchargé de tout le reste, sans poursuite ni contrainte, et la présente exemption de 424 écus figurera dans le compte du receveur à titre de justification (18 février 1573).

L'évêque, par exploit d'huissier, signifie cette décision au receveur général du clergé de France, Me Claude Marcel, à Paris, et déclare dans un acte spécial que sur 720 écus, somme à laquelle il était taxé, il n'a payé que 784 livres 5 sols, et que le reste, soit « 424 escus ou environ », lui a été remis par les seigneurs députés.

« Dom Helin Lamoignon, abbé de l'abbaye de Nostre-Dame de Bellevaulx, au pays de Nivernoys, diocèse de Nevers, » expose, par requête du 10 avril 1571, que sadite abbaïe a esté, durant les troubles passez, entièrement bruslée et ruynée par ceulx de la nouvelle religion, de sorte qu'il n'est possible accommoder l'église d'icelle abbaïe pour faire le service divin sans grands fraiz, « qu'il plaise que ladite abbaïe demourera quicte des cinq escuz de rente » auxquels elle a été taxée ou bien l'exempter pour onze ou douze années de décimes, « afin qu'il aye moien de faire remectre en estat ladite abbaïe comme elle estoit auparavant. »

La rente fut diminuée de moitié et réduite à 2 écus et demi.

La décision des cardinaux-députés fut conforme à la requête, et dom Helin Lamoignon paya, d'après son attestation du 10 août 1571, la somme de 139 livres, représentant le capital de la rente (1).

La requête du secrétaire du chapitre de l'église Saint-Cyr du 10 juillet 1576 est conçue en ces termes : « Supplie humblement Pierre Boutbier, pauvre prestre secrestain en l'église Saint-Cir de Nevers, disant que combien que pour le payement des emprunts et subvention generale submise sur le clergé de France et particullièrement sur le clergé de Nivernoys, où ledit suppliant reside, oultre les decimes ordinaires, le roy ayt expressement entendu par les lettres et edict, icellui emprunt et subvention n'estre levé que sur ceulx qui avoyent du temporel, affin d'estre plus promptement secouru et ceste charge plus facillement supportée. Ce neantmoings encores que ledit suppliant ne possède et n'ayt aulcun temporel à raison de son office de sacristie en ladite eglise de Nevers et que par les rolles qui ont esté faictz au

(1) Arch. nat., G⁸ 1216, pièces 34 à 36.

privé conseil il n'y ayt esté nommé ne comprins, touteffois ceulx du clergé de Nivernoys pour mieulx supporter leurs benefices l'auroient adjousté esdits rolles et taxé à quarente livres t. pour chascun rolle qui est 80 livres pour lesdits emprunt et subvention. » Le suppliant demande à être rayé des rôles et indemnisé de ses versements et des frais.

Les députés du clergé nivernois : Guillaume Paris, doyen de l'église Saint-Cyr ; Guillaume du Lys, abbé de l'église de Saint-Martin, et Guillaume Dyen, chanoine, témoignèrent en faveur du secretain, qui obtint des députés du Saint-Père la décision suivante : Comme Pierre Bouthier « remonstroit que ladite secrétainerie n'est benefice ains simple office en ladite église, qui n'a de revenu temporel et tout ce peu qu'il consiste en dismes ne soit suffisant pour satisfaire aux charges et qu'il ne soit de la qualité des contribuables n'ayant aussy esté cy-devant cottizé ès départemens et taxes precedentes, touteffois les chanoines et chapitre de Saint-Cyr de Nevers, pour se descharger de la taxe de six ecus, auroient d'iceulx imposé ung escu de rente sur ledit secretain, somme qu'il luy est du tout impossible de paier... avons déclaré que la taxe d'un escu sera réduite à un demy-escu seulement. L'autre demy-escu sera imposé sur les autres benéfices cottisables et moins grevez ou aultres obmis à taxer ainsy qu'il sera advisé par Monsieur l'Évesque de Nevers ou son grand vicaire et MM. les députés du clergé du diocèse de Nevers en leurs consciences que nous en avons chargées. »

Le prieuré de Lafferté-sur l'Ixeure (La Fermeté, canton de Saint-Benin-d'Azy) réclama quelque temps après. Le 31 décembre 1576, les commissaires députés pour l'aliéna-tion des biens temporels du clergé, en vertu d'une bulle du 10 juillet précédent, exposent que « sur la requeste de la part des religieuses, prieure et couvent du prieuré de Lafferté-sur-l'Ixeure, diocèse de Nevers, par laquelle elles remonstroient qu'elles ont si peu de revenu et maltraitées à l'occasion du passaige des armées qui y ont passé et sejourné ceste année aux portes d'icellui prieuré et aussi des ruynes faictes durant les guerres en tous le pais circomvoisin, que n'estant ledit revenu suffizant pour leur nourriture, elles ne peuvent plus contribuer aux charges ordinaires et decimes qui se levent sur ledit prieuré et à plus forte raison satisfaire à paier trois escus de rente, à quoy est taxé ledit prieuré pour sa cotte-part de ladite aliénation ». Il est observé que Sa Sainteté a entendu exempter de cette taxe les moniales, et pour cette raison la taxe du prieuré de La Ferté est réduite et modérée à un écu de rente.

Le même jour, les religieuses, abbesse et couvent de Notre-Dame de Nevers, taxés de leur côté, en vertu de la même bulle, à six écus de rente, ont obtenu la réduction à un écu, prétextant que « leur maison est dotée de si peu de revenu que si ce n'estoit les pensions des religieuses et aides extraordinaires de leurs parens, la plupart du temps mour-roient de faim et ne pouvant qu'à grand'peine paier les decimes, il leur est impossible de fournir aultre contribu-tion. »

Les requêtes du chapitre de Saint-Cyr et du prieur de Faye sont également datées du 31 décembre 1576. Devant les cardinaux de Bourbon, de Guyse, d'Este et Antoine Sal-viati, nonce, Pierre de Gondy, évêque de Paris, et deux conseillers au Parlement, commissaires pour les biens du clergé. « Sur la requeste des doyen, chanoines et archi-prêtre de l'eglise cathedrale de Nevers, par laquelle ils remonstroient que le revenu dudit chappitre est si petit qu'il ne peult revenir, les decimes ordinaires paiées, à deux mil livres trn. de rente par chacun an, sur quoy est assignée la nourriture de soixante-dix personnes, tant chanoines et semi-prebendés que habituez en ladite eglise, que leur revenu grandement diminué est reduit presque à ung tiers, parce que les terres et possessions sur lesquelles ilz ont droit de prendre leurdit revenu sont demourées inutilles à cause des guerres et troubles passez et du sejour que les deux armées ont faict dernièrement au pays de Nivernoys, ce neant-moings auroit esté taxez à douze escus et demy de rente, somme qu'il leur estoit impossible de payer, de laquelle ils requeroient diminution. »

Le conseil des commissaires abaissa la rétribution à 6 écus 1/2, tenant le chapitre quitte du reste vis-à-vis des receveurs.

Le prieur de Faye expose que son prieuré « est de si petit revenu que, les charges faites, il ne peult valloir cent livres trn., estant subject à beaucoup de reparations pour le degast qui y a esté faict par les gens de guerre et du camp qui y ont passé ceste presente année. » Néanmoins, il est taxé à un écu de rente et ses prieurés suffragants, Fontenay, au diocèse d'Auxerre, et Fontguesdon, au diocèse de Bourges, ont été également taxés, ce qui est contraire aux instructions, qui disent que le bénéfice taxé en chef exempte les membres unis. Le conseil décide que la taxe d'un écu et demi demeurera en son entier, et le prieuré de Faye contraint au paiement, mais que les autres prieurés seront totalement déchargés (1).

Le volume des Archives nationales, G⁸ 1216, ne contient pas d'autres protestations. Nous les donnons telles qu'elles sont, afin d'attirer l'attention des chercheurs sur des documents qui à l'occasion peuvent présenter des faits d'histoire locale. Les prieurés occupaient une bonne partie de nos campagnes; leur état précaire à la fin du seizième siècle est l'indice certain d'une situation agricole très-médiocre et presqu'entièrement délaissée.

(1) Arch. nat., G⁸ 1216, pièces 24 à 27.

Nevers, imp. O. Vallière.

103